白庆斋

作者与恩师白庆斋

2001年9月，练功后白庆斋与弟子合影

2001年8月15日，练功后白庆斋与众弟子合影

作者与项鸣翔老师练功后合影

作者与明鉴老师练功后合影

2001年，作者与弟子练功后合影

2008年8月，北京奥运会期间，作者在天坛接待欧美人士时进行武术切磋交流后合影

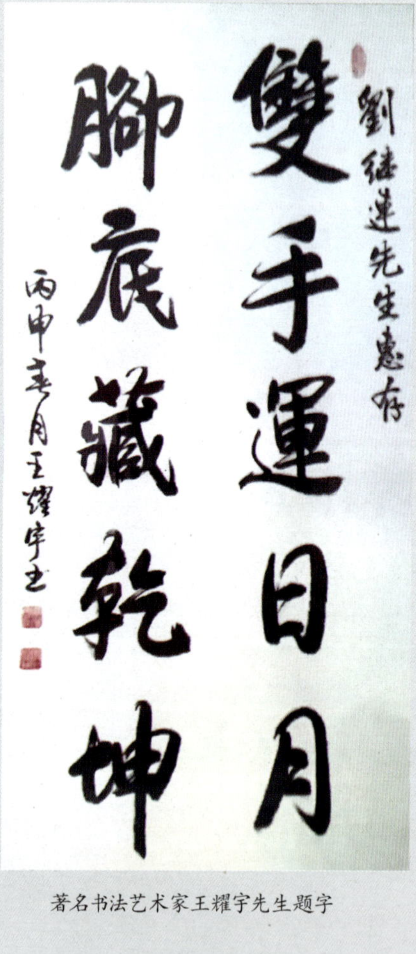

著名书法艺术家王耀宇先生题字

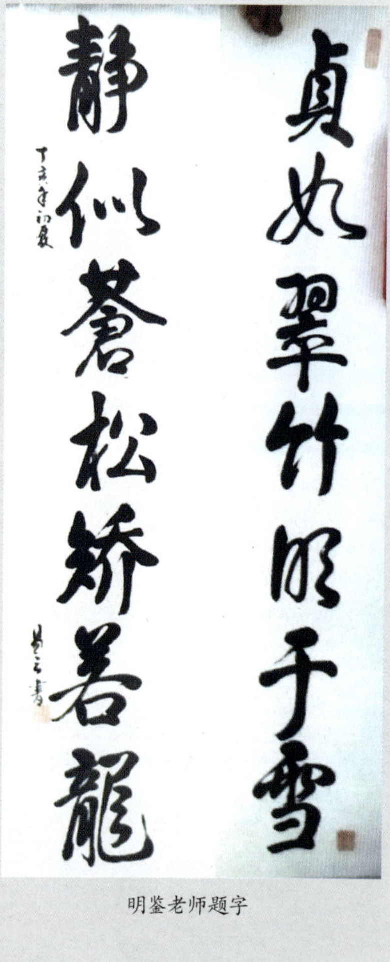

明鉴老师题字

太极拳力学探析

刘继连 编著

人民體育出版社

自 序

我从小喜爱武术。前后有三位老师，一位是白庆斋，一位是项鸣翔，一位是明鉴。

白庆斋师父，河北省故城县人士，1928年12月出生。14岁来北京学徒，拜杨文海为师，习练“杨式老架188式太极拳”。此拳架是杨班侯、杨健侯、许禹生先辈创编，经安长岭传承下来的杨式套路。后又从刘树昌老师学得于派炮捶四路，在北京的武术生涯长达几十年，直到2007年告老还乡。

白师父出自武术世家。据他回忆说，其父亲与师兄弟几个都是当地有名的武术把式，二师兄曾经起脚断树，吓退前来械斗的村民。更有趣的是，在故城大庙四周，师兄弟几个各把一个墙角，比试“蝎子倒爬城”的功夫。白师父在来北京之前就有了家传的武术功底。

白师父练功刻苦，为人师表。我于1993年经别人介绍拜师，成为白庆斋师父的入室弟子。师父要求非常严格，我除了节假日都在练功外，平时也要挤出时间学拳练功。值得一提的是在北京水产研究院的一段时间，夜晚院内经常灯火通明，白师父带领我们十几个徒弟学拳、练功，每晚都要练到10点多钟，一练就是

4年。在这期间，我学会了杨式老架188式太极拳、两路于派炮捶、一套关公大刀、一套齐眉棍，以及定步、活步推手等。

杨式老架188式太极拳走一趟要一个半小时，我一直坚持练了8年。这趟拳特点十分突出，它舒展大方、大松大柔，单腿持重式子较多，上下起伏大，突出了全身筋腱韧性和弹性的锻炼，全身处处都能练到，是大功架。通过这套拳的练习，给我的太极拳柔化功夫奠定了基础。

白师父授徒严格，强调多学、多看、多听、多练。他说："多看、多听才能领悟，多练才能体验，多学就是要谦虚，师兄弟之间要互相学习，对不同门派的师友要敬重，要多学习交流。"他还说他和外人推手时不主动出手，要先让其三招，这是礼节，是师门不成文的规矩。师父一身轻灵，散手、跌法出众，别人不敢碰他，和他推手一碰就空，他就会站在你身后拍拍你的肩膀说："没有了。"

他在练功之余常常回顾一些亲身的经历，有几件事让我记忆深刻。

初夏的一天，一位老拳师在龙潭湖畔带领几十个徒弟练功。崔师带他前去试手，白师父年轻气盛，几招几式就把老拳师的几个徒弟摔倒在地。老拳师前来与之交手，白师父先让三招，老拳师火起，几次主动进攻都被白师父掀倒在地。之后他气不过，在白师父等众人出公园时从背后偷袭，被白师父一松一柔便跌倒在路旁，在场的路人都目瞪口呆。白师父后悔地说，几天后传言，此人跳入湖中没了。2015年年初的某日与《功夫》杂志主编交谈中得知，当时北京城就有“小白子京城无敌手”的传说。

他还回忆两次遇劫匪的往事，更是惊心动魄。他说他近30岁的时候，在德州下火车搭乘二等车回河北故城老家的路上，车到一片荒凉的坟地旁，车夫要小解，白师父就坐在一个土坎上等候，不知怎的竟然被车夫按住了脖子，白师父一松一紧，一转身就把他制服了，车夫跪地求饶。另一次是新中国成立初期，一天傍晚在回家的路上（军博对面的莲花池），白师父被7名持刀劫匪团团围住，他举起自行车与之周旋一番后，又直接赤手空拳展开搏斗，结果对方被打得跌的跌、倒的倒，最后全被打跑了。到家后开灯一看，衣服上到处是小口子，用手一摸，小臂上还直流血。说这个的时候，白师父还让我们看了他小臂上留下的伤疤，我们都惊呆了。

第二位是项鸣翔老师，北京人士，1932年4月出生。他的师父是陈庆友，与王培生老师的年龄相近，是同门师兄弟，一刚一柔是一对练功夫的好伙伴，一练就是几十年。陈老师的太极拳、八卦掌、形意拳都练得很好，是北京市顺义区的武术协会主席。

项鸣翔老师体弱多病，1979年患尿毒症，经人介绍跟陈庆友老师练功学艺。在陈老师的悉心指导下，他先练八卦掌，后学郝式太极拳、十三式单操手、活步推手套路等。陈师父让他每天练八卦掌绕圈两小时。

身为木器厂维修工，项老师的时间非常充裕，练功也很刻苦认真，每天坚持练习四五个小时，所以基本功非常扎实，体力恢复得很快，后来体检，身体各项指标都恢复到了正常值。项老师练功几十年如一日，现在80多岁了，身体依然很健康。他不但功夫很扎实，化引拿发，刚柔并济，而且待人也很和善，是位不可多得的好老师。我与项老师是近邻，相处几十年，在他的指导下，我学会了八卦掌（绕圈）、十三式单操手、活步四正推手套路等。

第三位是明鉴老师，他是河北省河间人士，1929年出生。他是北京市东郊一所小学的校长，与李和生老师是同门师兄弟。他从李凤华老师（书法家）那里学到一套108式太极拳。他好书法，写得一手好字，知识渊博，是位务实严谨的老师。他对我们学拳的要求极其严格，一个式子正确了以后再教另外一个式子。看我们推手时他常说的一句话是“又出力了”，督促我们练功。我在南三环西马场居住期间经常去天坛，巧遇了明鉴老师，相处几年后，他教会了我108式太极拳，还有太极棍、太极剑等套路。让我最为感动的是，他还为我写下了“贞如翠竹明于雪，静似苍松矫若龙”的墨宝，激励我学好太极拳功夫。108式太极拳在四肢屈伸运动中，偏心旋转、上下相随的特点突出，强调立身中正，用意不用力，内部产生偏心力矩和力偶的机制，外部形成三维立体肢体结构走螺旋的太极球，自然产生四两拨千斤的功能。

三位老师对太极文化的追求、刻苦练功的精神，永远是我们学习的榜样。我感悟到，灵魂的修养、饮食的调剂、适当的太极拳运动是人生最益于健康长寿的药方，要切记切记。几十年来，在三位老师的悉心教导和帮助下，我的太极拳功夫有了很大的进步。近几年，我对《周易》、古典拳谱、拳论结合现代力学反复学习，反复研究，反复实践，对太极拳理论的认识有了质的提高。现在，我将我多年的练功体会和笔记整理成《太极拳力学探析》并贡献给广大太极拳爱好者，也算为太极拳功夫的传播与发展尽自己的绵薄之力了。

前言

太极拳是中国传统文化的瑰宝，在众多拳种中特色鲜明，独树一帜，是中国最优秀的拳种之一。该拳除了具备养生健身、技击防卫功能以外，更能修身养性、延年益寿，是老少皆宜的内家拳种。

目前，国内外太极拳习练者众多，据2014年官方统计，全世界练太极拳的人达三亿之众。学者虽多，但真正练出功夫者却是少数，这不仅仅是因为太极拳本身抽象、难懂，而且受诸多因素的影响。第一，古典拳谱、拳论多数是文言文，且多是从实践出发，对于拳路的运行机制、原理、练功程序、方法和技巧的分析阐述不够清晰和系统，这就对于一般人的认知理解构成了很大的障碍；第二，现如今的习练者多是出于业余爱好，即使有明师指点，但由于投入的时间和精力有限，也不能将太极拳内涵进行深入的领悟；第三，现代生活的快节奏引发“速成”风气的盛行，急于求成的思想造成了很多习练者将盘拳架与推手二者的“体、用”关系严重割离，以取胜思想占上风，结果拙力去不掉，甚至连太极拳的入门功夫、克服双重都做不到，就更谈不上什么上乘功夫了；第四，古代拳师积极练拳多是出于基本生存和社会活动所需，而当今人们衣食无忧，普遍对太极拳的理解不够深入，只是走走看看，不愿下苦功夫等。这些片面的认识、想法和练法，既影响了太极拳功夫的上身，也影响了太极文化的继承和发展。

本人习练太极拳已近30年，与众多太极拳同道不断进行切磋交流，并在理论上做了比较深入有益的研讨与探索。为了继承和发扬祖国太极拳文化，繁荣武术事业，以《周易》和古典拳谱、拳论为基础，我想通过力学原理，结合自己的练功经验，将太极拳实战功夫的内部作用机理、应用、练功程序、方法、技巧及练功各阶段的注意事项等作深入浅出的解读，尝试为众多太极拳爱好者和朋友们提供有效的借鉴和帮助。希望我泱泱华夏众多习练者中高手、妙手层出不穷。太极拳博大精深，笔者虽然已是尽心竭力，但鉴于水平所限，难免有纰漏之处，诚望读者不吝指正！

目 录

第一章　太极拳概说

第二章　“周易”与太极拳

第三章 力与力学的基本概念

第四章 太极拳技法的力学原理

第五章 太极拳练功

第六章 太极拳推手

第七章　太极拳的应用

第一章　太极拳概说

第一节　太极拳的起源与发展

一、什么是太极拳　武术的起源

太极拳源自武术。太极拳是以柔克刚的武术，是武术中的一个流派和拳种。太极拳是以《周易》为理论基础，是“洗髓”“易筋”内外皆练，健身、技击双修，主于御敌的功夫。太极拳是武术从简单到复杂、从低级到高级发展过程中最复杂、最高级的拳种。

武术是一项以踢、打、摔、拿、绊、跌等技击为主要内容的民族传统体育项目。它是中华民族传统文化中的瑰宝，其历史源远流长。

关于“武术”一词的历史演变过程，吴图南先生在他的《国术概论》一书中写道：“国术之名称，本由中国武术简称而来。考其来源，曾几许变迁。‘诗’称拳勇，春秋称武艺，战国称技击，汉称技巧，明清称技艺，亦称技勇，民初称武术或称国技。”

远在原始社会时期，人们为了获取生活资料，逐渐学会了拳打脚踢、绊摔、擒拿等动作。尤其是私有制萌芽后，部落间的战争，使人与人之间的格斗技术不断发展，从西汉时期的储具中圆雕《格斗》图象上就生动地展现了徒手相搏的场景。在激烈的生存搏斗中，要求人们掌握一定攻防格斗的技能，而经过实战检验并经过运用的这种攻防格斗技能，就是武术的萌芽。

二、武术的发展，孕育了太极拳

武术发展史虽然与战争发展史不同，但武术的发展史和战争的发展史分不开，它是在战争发展的历史长河中派生出来的。南朝始见“武术”一词。统治者把武术当作统治人民、维护其统治的手段，而人民则把武术作为防身抗暴、防止外族侵略的工具。因此，民间练武如雨后春笋般发展壮大，特别是练武组织“社”的出现，大大促进了武术交流，使武术在民间得到发展。

武术的发展孕育了太极拳。到了明代，出现了“内家”与“外家”之说，标明“劲力”“技法”等出现了新的内容。明代是武艺集大成、大发展时期。清代的武术发展，由于民众基础深厚而远远超过前代。人们利用各种形式传授武术，太极拳、八卦掌、形意拳、劈挂拳等多在清代形成，并且整体观的武术技术理论已经形成，各拳种均建立了自己的理论体系。

三、武术的理论基础

武术以“周易”为理论基础。“一阴一阳谓之道”贯穿了武术起源发展的全过程。太极拳以传统哲学中的太极之理说拳理；八卦掌以传统哲学中的八卦之理“易理”说拳理；形意拳以传统哲学中的五行之理说拳理。武术各门派先后归纳出拳家无极说、拳家太极说、拳家两仪说、拳家阴阳说、拳家刚柔说、拳家五行说、拳家八卦说、拳家自然说等诸多学说，都反映出“周易”是武术起源发展的基因。太极拳博采了武术运用“周易”揭示的宇宙自然界运动三大基本规律的精华，即运动与相对静止（平衡）的统一规律、宇宙时空的统一规律（速度与肢体在空间的位置）、阴阳对立的统一规律（阴阳对立、阴阳互根、阴阳消长、阴阳转化）。太极拳更加突出强调走圆道和省力杠杆的作用，完整地采用太极之理作为拳理的依据。“太极”是中国哲学中的一个术语，指派生万物的本源。太极拳就是以太极之理立论的一种拳术。陈鑫说它“理根太极，故名太极拳”（见《陈氏太极拳图说》）。古代方士以双鱼形太极图表示太极之理，初传于河南温县陈家沟的太极拳即依此图解释拳理并规范拳技。

四、太极拳的发展与传承

关于太极拳的起源、传承的传说。梁武帝时有程灵洗，师承韩拱月，精太极拳，传至程珌，太极拳改为小九天十五式，并传有用功之要："则在起以象外，得其环中，人不知我，我独知人。"

唐代许宣平、李道子所传太极拳名三十七，又名长拳，数百年后传至宋远桥。其拳势之名目与今之太极拳大同小异。传授心法有八字歌、心会论、周身大用论、关要论、用功歌等。

武术界普遍认可《神奇的武术》一书对武术——太极拳起源、发展的说法。早期曾称为"长拳""绵拳""十三势""软手"。山西民间武术家王宗岳用《周子全书》中阐发《易经》太极阴阳的哲理来解释拳理，写成《太极拳论》，太极拳这个名称才确定下来。关于太极拳的起源，有五种不同的说法：①唐代许宣平、李道子所传。②元末明初武当道士张三丰所创。③14世纪明初河南温县陈家沟陈卜所创。④清乾隆年间王宗岳所创。⑤据唐豪考证，太极拳为明末清初河南温县陈家沟陈王廷所创。多数拳家亦以现传各式太极拳均源出陈氏太极拳，而持陈王廷创拳说。

其实，太极拳的形成，有着源远流长的文化背景：①它综合吸收了明末各家拳法，尤其是戚继光三十二式长拳之特点。②它采纳了古代导引、吐纳之术以及中医经络学说。③古代阴阳五行学说及宋以来的三大哲学思潮是太极拳的哲学基础。

太极拳经过长期流传，至今演变出许多流派，有陈式、杨式、武式、吴式、孙式太极拳等。

第二节　太极拳的特点和作用

太极拳盘拳架、推手、散手运动中，偏心旋转、上下相随的四肢屈伸，内部产生偏心“力矩”“力偶”的机制；外部形成三维立体肢体空间结构走螺旋缠丝的体制。太极拳在发展中形成了以下特点和作用：

①抻筋拔骨，身肢放长大松大柔的特点；

②“力偶”的形成，身肢旋转走圆道的特点；

③“力矩”的形成，身肢产生动力和省力杠杆，以轻制重的特点；

④以腰骨骼肌（随意肌）为主导的肢体屈伸，产生“八门劲”的特点；

⑤在推手、散手运动中，以我为中心、彼始终走外圈的以慢制快的特点；

⑥人体肌肤体现的螺旋缠丝劲的特点；

⑦太极拳在推手、散手搏击时身肢以柔克刚、“四两拨千斤”的功能特点。

第三节　太极拳的理论基础

一、“周易”是太极拳的理论基础

人类生活在自然界当中，就是自然界的一部分。“宇宙大人身，人身小宇宙”“一阴一阳谓之道”，人身就是一个阴阳组合系统。太极拳是武术的一个流派和拳种，本身就是在“周易”的影响推动下产生、发展的。“周易”的圆道观和“周易”揭示的宇宙自然界万事万物运动三大基本规律，奠定了太极拳的理论基础。

《周易·系辞上》中的太极“是至高无上的宇宙本源，它由产生天地、阴阳，再由天地、阴阳产生了乾坤、震巽、坎离、艮兑八卦。太极发明因其纯任自然，如环无端，动作匀极圆活，不用力而长内劲，尤深合易经之理”。太极拳家按照“周易”的圆道观和“周易”揭示的宇宙自然界万事万物运动的三大基本规律的原理，通过实践建立和规范了太极拳的拳法和法规，形成太极拳的理论体系和运动体系。如王宗岳《太极拳谱》等著作，是以“周易”为核心内容，博采武术的精华奠定了太极拳的理论基础，对太极拳的发展起到承前启后的作用。

二、太极拳的立论、拳法、法规都是“周易”理论的应用和升华

太极拳一静一动、一动一静，人体四肢屈伸、偏心旋转、上下相随的运动，可以直接看到和感受到人体三维立体结构和偏心旋转上下相随的立体运行体制，是直观的、表面的、外形的，只能动作模仿或用语言形容。古典拳谱、拳论内容比较抽象，不宜理解，这都是事物的外部因素，是变化的条件，是阳光的一面。太极拳传承几百年、上千年，出现众多太极拳名家，妙手达到很高的水平，古典拳谱、拳论和世间流传的太极精华字诀，都是前辈练功、健身、技击的宝贵经验。

三、现代力学是太极拳理论的补充和完善

由于现代力学研究的不断进展，应用力学理论和方法作为认识和解释武术内部运行的机理是变化的根据，是对太极拳理论的补充，为太极拳运动的发展奠定更坚实的理论基础。

尝试运用现代力学，即“运动生物力学”“机械运动力学”的观点和方法对其予以解读，从内部机械运动原理和外部框架结构两个方面深入剖析“四两拨千斤”的运动规律，便于太极拳爱好者更好地理解和学习。

第二章 “周易”与太极拳

第一节 “周易”的起源与发展

一、“周易”的起源

华夏远古人类经过千百年生产生活的沉淀积累，仰观天文、俯视地理，观察宇宙万物的变化感受，发现土坎、树木有阳光的一面，也有阴暗的一面，有白天有黑夜，有冷有热，人群当中有男有女等，许多事物都有正反两个方面。为了描述这正反两个方面的事物，随手画了两个最简单的符号“—”“--”来代表，从而结束了没有文字的历史。伏羲在连山易、归芷易的基础上创造了先天八卦之后，殷周时期，周文王进一步推演，将伏羲描述物质世界的先天八卦推演成同时可以描述自然和社会包括精神世界在内的后天八卦，即文王八卦。我们现在用的就是文王八卦。

二、“周易”的发展和《易经》的产生

八卦中蕴含着深厚的哲学思想，在哲学、社会科学、自然科学三大领域内产生了杰出的研究成果。在哲学领域内产生了《道德经》，在社会科学领域内产生了《易经》，在自然科学领域内产生了《黄帝内经》。这三部巨著构成了中国东方神秘主义文化的三大柱石。

关于“周易”的组成。“周易”由《易经》及《易传》组成。“周易”是一部博大精深的巨著，受到历代哲学家和自然科学家的关注，春秋末期，《易传》对《易经》进行了注释和发挥。《易经》及《易传》，易理精湛，是我国哲学及自然科学的胚基。

三、“周易”对各学科发展的深远影响

八卦图及古易图“太极图”所形成的一套易学理论体系，揭示了宇宙自然界万事万物运动的基本规律，内涵着特有的认识论和方法论。太极图、八卦图都是宇宙全息缩影图，浓缩着宇宙的重要基本规律，如宇宙阴阳运动互根规律，阴阳消长转化规律及阴阳平衡规律，是宇宙运动规律的全息缩影。鸟瞰《易经》太极八卦理论，宏观、微观世界无所不包，

低级、高级，简单、复杂，无所不备，“广矣，大矣”，在科学领域内产生了强大的辐射力，对各学科发展都产生了深远巨大的影响。

第二节 “周易”的圆道观对太极拳运动的影响

圆道是天道，是“周易”的精髓。自然界外在的现象圆道，周而复始、循环往复地规律性运动。《易泰卦九三》曰：“无平不陂，无往不复。”反映了天道是循环往复的。《易系辞》曰：“日往则月来，月往则日来，日月相推，而明生焉；寒往则暑来，暑往则寒来，寒暑相推而岁成焉。”都说明了天体的运动是周期性的。天道如此，物道亦随天道，一切事物都呈现着周期性的动态的循环，“周易”太极图更是圆运动的征象。《易经》八卦、六十四卦、先天后天八卦都是圆周循环的。“周易”圆道反映在天道上，由于日、月、地三者的运动是圆的循环旋转，因此与自然界气候产生了阴阳消长、昼夜寒暑的周期性的循环，于物道上则出现了萌、长、茂、枯、死的圆转，于人道方面则为生、长、壮、老、已的动态往复。

圆道不仅包括形象的圆，更重要的是强调内在的运动呈现周而复始的规律进行的，或者说事物是以圆的形式相互联系发展着的。宇宙间万事万物都以圆周的形式循环着，一个个大圆连着一个个小圆，不停地旋转着。大到银河系、太阳系，小到细胞的原子、电子、质子，都是圆的动态循环，说明圆道是万事万物运动的普遍规律。当然这种循环不是简单重复，而是更高一级的发展中的循环。就太极拳而言，一圆是太极，非圆非太极。

太极拳是人体四肢屈伸、偏心旋转、上下相随的运动，人体重心移动，是偏心旋转的太极球。“周易”的圆道观是太极拳以柔克刚运动的基石。太极拳的古典拳谱、拳论的论述和具体动作都充分体现了“周易”的圆道观的思想。实践证明，在人体四肢屈伸、偏心旋转、上下相随的运动中，三维立体的圆形轨迹的形成程度和大小圆环变化的质量是考量太极拳功夫高低的条件和重要标准。

陈式太极拳理论专著有多处强调走圆道的论述。

陈鑫认为：“至于手足运动，不外一圈绝无直来直去。”“足随手运，圆转如神。”“越小小到没圈时，方归太极真神妙。”

陈复元有七言古诗两首。其一云：“动则生阳静生阴，一动一静互为根，果能识得环中趣，辗转随意见天真。”

其二云：“阴阳无始亦无终，往来屈伸寓化工，此中消息真参透，太极只在一环中。”

《陈式太极拳》一书中强调太极拳练功要走圆道，要求：“太极拳之动静作势，纯任自然，运化灵活，循环无端，要知其虚实开合，起落旋转，俱从圆形中来。凡初步入门，以大圈为法，始则柔筋活节，进则接骨斗榫。学者诚明乎此，身作心维，朝斯夕斯，精而求之，进步自速”。

第三节 “周易”揭示宇宙万事万物运动的基本规律

无论太极、八卦或河图、洛书，都是宇宙规律的缩影。太极、八卦、河图、洛书都包含着宇宙三大基本规律，即时空统一观、运动与相对静止统一观和阴阳对立统一观。

一、宇宙时空统一规律

“周易”的时空统一观，即时间与空间是合为一体，不可分割的。既不存在没有时间的空间，也不存在没有空间的时间，时间和空间不能单独存在。将这二者合为一体的是物质运动。宇宙万事万物都是运动着的时间和空间的统一体。时间和空间是矛盾的对立统一体，是相互制约、相互依存的，忽视哪一方面的作用，都会对物质运动带来影响。就太极拳而言，时间就是肢体运动速度，空间就是肢体姿势在空间的位置。例如王宗岳《太极拳论》曰：“太极者，无极而生，动静之机，阴阳之母也。动之则分，静之则合。无过不及，随曲就伸。人刚我柔谓之走，我顺人背谓之粘。动急则急应，动缓则缓随，虽变化万端，而理为一贯。”其中，“动急则急应”“动缓则缓随”，讲的就是时间即肢体运动或慢或快的速度；“无过不及”，说的是肢体所在空间恰当的位置。太极拳双方接手以后的顺与背、得与失、胜与负，就决定于肢体速度和肢体外三合粘着点所处空间位置的一瞬间。

二、运动与相对静止的统一规律

“周易”的运动与相对静止统一观，即运动与相对静止统一规律。必须强调的是，运动是永恒的、绝对的、无条件的，静止是相对的、暂时的、有条件的。运动和相对静止的统一规律实际上就是运动与平衡的规律。平衡是适应的手段，是生存的条件。

什么是平衡？恩格斯说：“平衡等于吸引胜过排斥，平衡是和运动分不开的。”太极、八卦、河图、洛书都集中体现了平衡原理，即运动中的平衡和平衡中的运动。这种平衡是一种活的平衡、动态的平衡。也就是说，平衡指的是总体的平衡，但局部并不一定都平衡，总的平衡是透过无数个局部不平衡发展而来的。

太极拳的动态平衡即人体四肢屈伸、偏心旋转、上下相随的运动也是有条件的、暂时的。也就是说身肢这个杠杆受外力时，动力臂与阻力臂的力矩变化的不平衡产生运动，逐渐趋向平衡。就是说，柔化避免双重是适应对方来力保持平衡的手段，是本身生存的条件。柔化是太极拳柔化刚发的先决条件，是胜负的根本保证。

《陈氏太极拳》一书说：“步法又要与手法相呼应，务使上下相随。所谓上于两膊相系，下于两腿相随，又须使手足有相吸相系之意。手与足合、肘与膝合、肩与胯合的外三合必须注意，使上下完整不乱。”这是人体动态平衡的要求和应用。

三、阴阳对立的统一规律（阴阳学说）

阴阳学说认为，宇宙中的一切事物和现象，都是阴和阳的对立统一体。事物的生成、变化以至消亡，都是由于事物内在联系的阴阳双方运动的结果。至于构成阴阳双方的内在联系与运动的规律，古人通过长期观察和辩证思维，总结为阴阳对立、阴阳互根、阴阳消长以及阴阳转化四个方面。这是我们需要学习的阴阳学说的基本内容。

（一）阴阳对立

阴阳对立，是指宇宙间的一切事物或现象都存在阴、阳两个方面，如天与地、昼与夜、动与静、升与降、热与寒、脏与腑、气与血等。

这种阴阳对立着的两个方面，并不是平平静静、各不相干地共处于一个统一体内，而是互相制约和互相斗争着的，且通过斗争，以维持动态平衡。

（二）阴阳互根

阴阳互根，是指事物或现象中对立着的两个方面，又是相互依存、相互为用的。阴依存于阳，阳依存于阴，任何一方都不能脱离对立的一方面而单独存在。双方各以对方作为自己存在的前提。如上为阳，下为阴，没有上的阳，就无所谓下的阴；亮属阳，暗属阴，没有亮的属阳，也无法理解暗的属阴。又如人体功能属阳，物质属阴，物质无功能则不能化生，功能无物质作为基础也就不能产生作用。

（三）阴阳消长

阴阳消长，是指事物对立着的两个方面，不是处于绝对静止的状态，而是不断地在运动变化，一直处于“此消彼长”或“此长彼消”的恒动之中。阴阳之间的消长关系，在一定限度内保持着动态平衡，以维持事物的正常发展和变化。以一年四季为例，由春而夏，寒气渐减，温热日增，是“阴消阳长”的过程；由秋至冬，热气递减，寒气日甚，是“阳消阴长”的过程。这是正常气候阴阳消长变化的一般规律。

（四）阴阳转化

阴阳转化，是指事物对立的两个方面，在一定条件下可以各自向其对立面转化，即阴可以转为阳，阳也可以转为阴，从而事物的性质就发生了根本性改变。如果说“阴阳消长”是一个量变的过程，那么“阴阳转化”应该说是一个质变的过程。仍以四时气候为例，寒来暑往，不断变更，冬寒之极，春暖必来；夏暑至盛，秋凉必至。自然界寒热暑凉的更替，也正是阴阳转化的体现。

《陈氏太极拳》一书中说：“太极拳采用阴阳学说为理论基础，要求动静、刚柔、虚实、轻沉、阴阳兼备，又要阳不离阴，阴不离阳，阴以阳为主，阳以阴为根，达到刚柔摩荡、阴阳相济的懂劲地步，进一步要求达到忽阴忽阳、阴阳无迹可寻的‘神明’阶段。因此练习太极拳和推手，不能偏于柔，也不可偏于刚，要阴阳相济。凡是偏于柔的仅得太极的一面，只能称为柔拳，不能称为太极拳；偏于刚的，只能称为刚拳，不能称为太极拳。凡是能柔能刚，有轻有沉，虚实兼到，应急缓随，动静合宜的才是完整的太极拳。”这是“周易”理论的体现和应用。

第三章　力与力学的基本概念

第一节　力与力学

一、力

（一）力的定义

在自然界当中，物体间的推、拉、挤、压、扭、吸，人与人搏击中运用武术的踢、打、摔、拿、绊、跌等技击动作都是力的表现形式。

（二）力的性质和特点

力的作用不能离开物体而独立存在，一个力必有两个物体：施力物体和受力物体。

力的作用效果。力可以使物体发生形变，还可以使物体运动状态发生改变。物体形变，指的是物体形状发生改变。物体运动状态发生变化，指的是物体的速度发生变化或运动方向发生改变，也可能是速度和运动方向都发生变化。

力的作用是相互的。即力总是成对出现的，施力物体同时也是受力物体，两个物体间的作用力与反作用力同时产生，同时消失，并且总是大小相等、方向相反，作用在同一直线上。

任何力都有大小，作用位置即物体某一点为作用点。作用点都有一定的方向（左右、前后、上下）。

力的国际单位是牛顿，简称“牛”，符号“N”。

二、力学

力学的定义：研究物体机械运动规律的科学，叫力学。

包括物理学在内的自然科学，以认识自然、探索未知为目的，而技术则是以对自然界的认识为依据，利用得到的认识来为人类服务。人们还是习惯于把科学和技术联在一起，统称“科技”。历史已经表明，没有科学发现，就没有技术进步；没有技术进步，科学也不能发展。历史上三次产业革命都证明了这一点。

17世纪末出现的巴本锅和蒸汽泵，主要是一种技术发明。18世纪瓦特改良了蒸汽机，使之广泛应用于纺织、轮船、火车的动力机，从而促使卡诺定理的提出和热力学第一、二定律的建立，推动了物理学的发展，这就是近代史上第一次产业革命。

19世纪70年代，在磁理论的基础上，发明了电动机和发电机等，不久马可尼和波波夫又发明无线电通信技术。这一切开创了第二次产业革命，使人类进入了电气化时代。

20世纪以来，以原子核能、电子计算机和空间技术发展为标志，开始了第三次产业革命，同时也促进了技术进步。

18世纪瓦特改良蒸汽机并引发第一次产业革命以来，中国哲学、自然科学、社会科学都有了空前的发展，物理力学以及相关的数学、物理学、化学和生物力学等都得到了快速发展。其中的机械运动力学、生物力学对武术运动的认识和发展提供了理论依据和技术进步的条件。

“机械”是机器和机构的总称。机器通常由以下四部分组成。

原动机（动力机）：它的任务是提供动力，即把其他形式的能转变成机械能。例如汽车、拖拉机上的汽油机或柴油机等。

工作机：它的任务是完成某一特定工作。例如汽车的车轮，轮船、飞机的螺旋桨等。

联系机构：它的任务是连接原动机与工作机，在传递机械能的同时改变运动的快慢和形式等。例如汽车的变速箱以及各种传动装置和机构。

控制机构：它的任务是控制和协调部件的运动。例如汽车的方向盘、加速踏板（油门）、离合器的踏板等。

以上是机械运动动力学结构和运行原理，给太极拳提供了运动模式。科学家从中提出系列力学原理、定义、定理、定律，它们将对改进太极拳的练功方法、加快训练进度、提高练功质量，起着不可估量的重要作用。

第二节　人体平衡的力学条件

一、身体四肢为杠杆

两脚开立，身体中正安舒，成为不规则的人体杠杆。符合“杠杆可曲可直，没有固定的形状，只要是能绕固定点转动，且不发生形变的物体，都可称为杠杆”的原理。

二、腰顶为转动轴

人体腰顶上下一条线，即是人体的重心，支点又是旋转的中轴。《陈式太极拳》书中说：“腰与脊这两个器官居于人体的中部，它们天然具有中轴的功能。”

三、动力与阻力

使杠杆转动的力称为动力；阻碍杠杆转动的力称为阻力。

四、力臂

从支点到力的作用线的距离叫力臂（即支点到力点之间的距离）。

动力臂：支点到动力作用线的距离称为动力臂。

阻力臂：支点到阻力作用线的距离称为阻力臂。

五、人体杠杆的平衡条件

“动力与动力臂的乘积等于阻力与阻力臂的乘积”。

公式为$F_1 \cdot L_1=F_2 \cdot L_2$。式中，$F_1$表示动力，$L_1$表示动力臂，$F_2$表示阻力，$L_2$表示阻力臂。

第三节　外力与内力

一、外力与内力的概念

外力，凡是由外部加于人体的力，对于人体来说，都是外力。这种力是人与周围环境相互作用时产生的，它表现为外部环境对人体的反作用。

内力，指的是人体内部各部分的相互作用力。此时，作用与反作用力的着力点在人体的内部。

二、内力与外力的特点

人体内力是人体内部各部分的相互作用力。例如肌力、组织粘滞力、韧带张力、关节之间的约束反力等都是属于人体的内力，其中肌力是人体内力中唯一主动力。人体内力的特点：在人体内力与外力无相互作用时，内力只能决定身体内各环节的运动状态，但不能改变整个身体的运动状态。

人体的外力是由周围环境给人体的力。外力可以改变人体的运动状态，引起人体从静到动，或从动到静，或腾空后改变其总重心在空中的运动轨迹等，只能是外力，这是外力的特点。

第四节　人体力学特征

《运动生物力学》一书中说：“事实上，人体的运动是以骨为杠杆，以关节为枢纽，以肌肉收缩为动力而实现的。”因此认为人体骨、关节、肌肉有以下特征。

一、骨具有坚硬性和弹性

《运动生物力学》中说：“骨是由骨髓、疏松结缔组织、神经组织等组成，主要成分是骨组织。骨组织又主要由有机纤维、无机结晶体组成。骨的有机纤维使骨具有良好的弹性；骨的无机成分使骨具有良好的坚硬性。”

人的一生中，少儿时期骨的弹性较大，坚硬性较差，老年期骨组织中无机成分比例较大，故其弹性减弱，坚硬性较强，容易发生骨折。

二、关节是枢纽

人体四肢屈伸、直走坐卧、行走静动，一切都在关节韧带自由度范围的约束下。韧带是全身筋腱的一部分，决定着关节运动幅度的大小。从运动角度来讲，对骨的主要力学特性要求是既坚硬又轻便，又应具有良好的弹性；对关节的要求是稳固性和灵活性，使之运动幅度大。

三、肌肉

人体肌肉可分为三大类：骨骼肌（随意肌）、心肌和平滑肌。肌肉（指随意肌）与人体的其他软组织不同，在神经的控制下，它能使化学能在常温下转化为机械能，通过自身主动收缩而造成人体或环节的机械运动。这是太极拳运动的原动机（动力机）。

四、人体四肢屈伸运动过程中的特征

人体控制机构——大脑中枢神经，通过联系机构——自主神经、周围神经，掌控原动机（动力机）——肌肉（腰肌为主导与身躯、四肢随意肌协调配合）推动的工作机——骨为杠杆、关节为枢纽的四肢屈伸前后、左右、上下的三维立体螺旋转动。即人体四肢屈伸，偏心旋转，上下相随，内部产生偏心力矩、力偶的机制，外部形成三维立体肢体结构走螺旋的体制的机械运动，显现“周易”与力学互为表里。我们就是要善于发现规律，掌握规律，应用规律。我们对太极拳的理解就是实践认识，再实践，再认识，到理性的过程。

第四章　太极拳技法的力学原理

太极拳是四肢屈伸、偏心旋转、上下相随的运动。实际上人体的运动是通过以骨骼为杠杆、以关节为枢纽、以肌肉收缩为动力实现的，更具体、更完善地说是由它的内、外部组织，即筋骨肉、精气神的相互作用支撑、传递、配重，使身肢总体平衡，使太极拳正常地运行。它的运动体系包括人体外部结构和内部组织及功能，太极拳无极（静态）三维立体结构，盘拳、推手的力学原理、运动形式、功能特点等。

第一节　人体外部结构和内部组织及功能

太极拳四肢屈伸是盘拳推手、搏击运动的主体。太极拳是内外兼修的优秀拳种。孔德先生主编的《易筋、洗髓古本注释》一书中说：“侧重易筋修持，只能增强体力显示外壮，侧重洗髓，只能养生完成片面的性修。这两种情况都是各走一个极端，不是全面的功夫。”太极拳外练外部结构筋骨肉，内练内部组织精气神，是外壮、内壮皆练的全面功夫。

一、人体外部结构及功能

（一）筋及功能

筋是人体的肌腱和骨头上的韧带。抻筋拔骨，柔筋活节。筋松，易产生缠丝劲，是强健身体和关系到推手搏击成败的重要因素，是盘拳架、推手持久练功的目的之一。

最早在《易经》中就有“筋”一词。《易·系辞》说：“筋乃之经络、骨节之外，肌肉之内，四肢百骸，无处非筋，联络周身、通行血脉，居为精神之外辅。”由此可见，最初的“筋”是指广泛分布于身体各部分的经络。《黄帝内经》中的《灵枢经脉》说：“骨为干，脉为营，筋为刚，肉为墙，皮肤坚而毛发长。”

香港名医朱增祥在所著《拉筋复位法》中说：经筋的生理功能：①连缀骨骸，维罗周身，十二经筋纵横交错，结经散络，广泛分布于四肢、头面、躯干等全身各部分，支撑着人体的坐立行卧，使人体成为一个统一的有机整体。②约束骨骼，主司关节运动。经络附着，连属于骨骼，结聚于关节，通过对骨骼的约束和连缀使整个躯体得以保持一定的形态和位置。③固护体表，抵御外邪。人体筋肉组织及其刚劲柔韧充实于体表和四肢，形成抵御外邪和保护机体各组织器官及脏腑经络的外固体系。④维护器官，对这些器官功能活动起维系作用。

他又说："筋长则命长。"中国民间许多俗语早已将健康、寿命与"筋长"紧密联系起来了。比如"运动强筋骨，吐纳肺腑良""老人多摇扇，筋骨更舒坦""老筋长，寿命长"。

筋缩不仅影响寿命，还会引起许多病症。书中说："颈椎痛、腰强直痛、不能弯腰、背紧、腰痛及麻痹、不能蹲下、长短腿、脚跟筋有放射性的牵引痛、步伐迈不开、密步行走、髂关节的韧带有拉紧的感觉、大腿既不能横举也不能横展、转身不灵活、肌肉收缩萎缩、手不能屈伸（手筋缩短）、手脚肘膝活动不顺畅。"

书中还说："筋缩是人体衰老的原因，也是人体衰老的结果。"人老了眼花耳聋，腰驼腿僵，浑身没劲儿。相反地，一个高龄老者耳不聋眼不花，腰不弓，背不驼，腿脚灵活，浑身轻松，你一定会相信他还能活很长时间。从中医角度看，衰老与精气虚衰、气血失常有关，所谓"骨正筋柔，气血自流"，自然会让人的五官等衰老减缓。

（二）骨及功能

骨，包括骨骼、关节，主要支撑体重，抵御外力。其筋、骨、肉作为一个整体，起到力的支撑、传递和杠杆平衡的配重作用。

《运动生物力学》一书中说："从运动条件来讲，对骨的主要力学要求是既要坚固轻便，又应具有良好的弹性。对关节的要求则是稳固和灵活性，是指运动幅度大。"

（三）肉及功能

肉，人或动物体内接近皮肤部分的柔韧物质。

肌肉。肌肉收缩是人体运动的动力，在神经系统的支配下，身躯和四肢的肌肉协调配合，以形成人体各关节的机械运动。

《运动生物力学》一书指出："事实上，人体的运动是以骨为杠杆、关节为枢纽，通过肌肉的收缩而实现的。"还指出："肌肉与人体其他的软组织不同，在神经系统的支配下，它能使化学能在体温条件下转化为机械能，通过自身的主动收缩而造成人体各关节的机械运动。"

肌肉做功时，做功的多少自然重要，但做功时间的长短也同样重要。做功越多，花费时间越少，则肌肉工作的价值就越大。人体活动能力的大小，动作质量的优劣及运动成绩的好坏，往往取决于完成动作的过程中肌肉功率的大小。

在《运动生物力学》及其他的一些运动力学理论中，通常把力与速度的乘积叫做"爆发能力"，简称"爆发力"。"肌肉收缩时的做大功率也就是身体所具备的最大爆发力。这种能力不仅是身体运动，更重要的是要快速运动”。

二、人体内部组织及功能

（一）精及功能

精，即指五谷杂粮等食物经过五脏六腑消化系统充分消化以后，产生营养物质及氧气，除了一部分本身吸收以外，大部分进入心血管系统通过血液输送到筋、骨、肉等全身组织器官，使之活动得到支持和营养补充。另外产生的五谷之气也源源不断地补充人体元气。

（二）气及功能

气，中医学认为气血是构成人体的基本物质，是人体脏腑、经络、组织器官活动的物质基础。气为血帅，血为气母，气血的调和与顺畅是人体健康的关键。中医学将气归纳为元气、宗气、营气、卫气。其中元气是人体生命的动力；宗气是指水谷精微之气与大自然环境的混合体，积于胸中，以补充元气；营气行于脉中，濡养五脏六腑、四肢百骸；卫气行于脉外。它们的协调作用保证了血脉的畅通，维持了人体周身各器官的功能作用。

太极拳则将元气、宗气、营气统称内气，将卫气归为外气，通过养、蓄、运、使四个方面来炼气养生。

（三）神及功能

神，是指人的意识思维活动和一般心理状态。

托尼·史密斯著《人体结构、功能与疾病图解》一书中说：“神经系统的组成。我们的身体和脑因为有亿万个电信号和化学信号而充满活力，持续不断的信号是神经元（神经细胞）及其纤维特别是纤维末梢活动的结果。神经元与胶质细胞组成脑和脊髓，称为中枢神经系统。神经元也构成周围神经以将全身与中枢神经系统相连接。大多数神经信号是我们不知不觉中发生的，并保证了我们身体的安全和功能处于正常的状态。”

“神经网络：在中枢神经系统以外，神经元的细长神经纤维集结成束，形成索状的周围神经。身体内外的各种变化通过遍布全身的神经网络传入到中枢神经系统。大部分周围神经系统发出许多分支，尽可能地局部和组织联系。有些周围神经交织在一起，形成神经丛，以便于像手和手指这些重要部位进行精细的协调和控制。

“周围神经：传递脑和脊髓的信息，感觉纤维传入来自外界的及内脏的信息；运动纤维传出信息引起骨骼肌的收缩；自主神经纤维调节内脏和腺体的活动，保持功能正常。”

“自主神经系统能产生及时的和较长时间的不随意反应，以调节人体功能，达到内环境稳定。神经纤维调节器官和内部活动，如心律，其信号在下左脑、脑干及脊髓进行整合。自主神经系统分为交感神经系统和副交感神经系统两部分，发出冲动至许多器官的平滑肌、血管、腺体以及心肌。”

“感觉不仅是自身与外部相联系，而且提供有关身体内部环境的重要信息。一般感受器感受触摸、压力、疼痛、温度、广泛分布于全身。味觉和嗅觉，以及视觉听觉、平衡觉为特殊感觉，因其感受器只感受较为局限的特殊刺激。

“再是听觉和平衡觉器官。这些感觉器官的结构位于内耳的不同部位。它们依赖其特殊的感受器——毛细胞感受声波或运动的刺激。从这些感觉结构发出的神经纤维组成前庭蜗神经，它将神经冲动传递到脑中进行分析。

“在五种感觉中，视觉是最特殊也是最复杂的感觉，它能综合感觉和智力判断。眼后部的视网膜接受进入瞳孔的光线，产生二维图像。这些图像转变成电冲动，将眼的视神经传到脑区，特别是枕叶产生视觉。”

太极拳的四肢屈伸、偏心旋转、上下相随的运动，包含盘拳、推手、散手搏击，主要是通过大脑脊髓，即中枢神经系统（用意），全身感觉神经采集身体内部和外部环境变化的信息，经过信息传递、信息处理，再传出指令，形成一个完整的支配控制肌肉收缩带动肢体屈伸运动的组织指挥系统。

第二节 太极拳无极（静态）三维立体结构

自然界的动植物、人类本身和房屋建筑等，都是按照不同的结构形式存在的。如果没有坚韧完整的结构做支撑和没有运动的动力，鸟不能在空中飞，汽车不能在公路上行驶，船舶不能在海上航行，风车也不能随风转动。太极拳也不例外，也有它的静态、动态的三维立体结构。

一、中心圈

人体的双脚一前一后，左右开立，脚踏大地而立，从两脚外侧画一个圈，这个圈的半径一般在30～40厘米（与两肩同宽）。这个圆圈就是人体的中心圈。（图4-1）

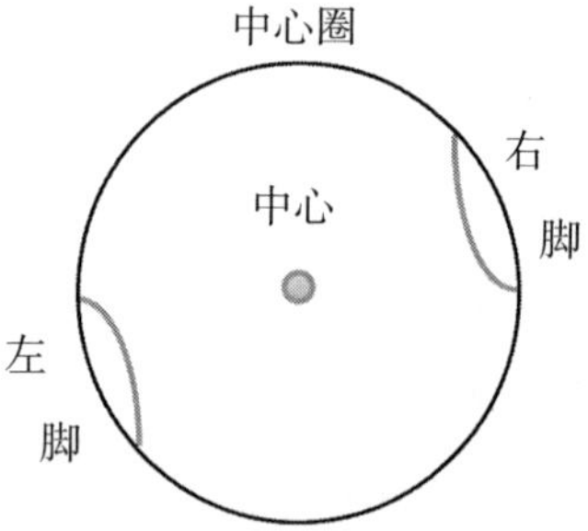

人体中心圈
（两脚外侧画一圆圈）

图4-1

二、重心圈

重心就是物体各部分所受的力（垂直向下的地球

引力），可以看作集中到一点，这一点就叫作重心。物体的重心是力的作用点。如果人体按照体重分布均匀且形状规则，两脚承重相等时，重心与中心圈的中心点（几何中心）重合，它的中心圈与重心圈也必然重合，是同一个圈，所以它的中心圈也叫重心圈。（图4-2）

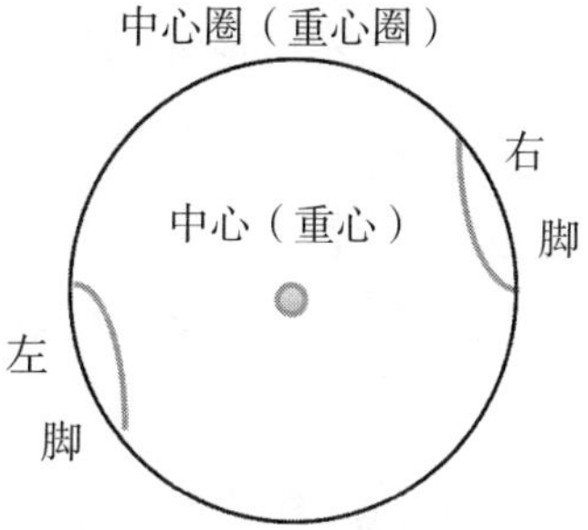

人体重心圈（两脚承重相等）

人体中心圈重合

图4-2

三、偏心圈

重心圈大部分是偏心圈，因为腰顶中轴是变化的散点，虽然两脚不动，圈是重合的，但因四肢屈伸运动必然使重心在重心圈内移动。离开了重心圈的中心，此时的重心圈就变成了偏心圈。（图4-3）

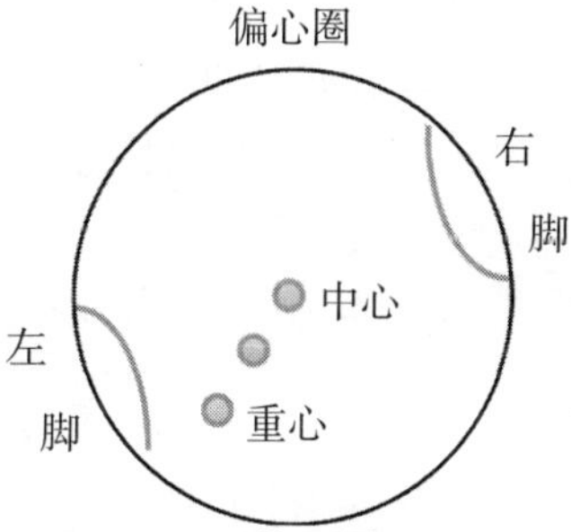

偏心图

重心偏离中心圈

重合不变

图4-3

四、腰顶中轴

腰顶上下一条线，正处于身肢结构的中心位置，是全身的重心，是全身杠杆的支撑点，又是太极拳四肢屈伸偏心旋转的中轴。拳论说："腰与脊这两个器官居于人体的中部，它天然具有中轴的功能。"所以，太极拳运动始终是一种以自我为中心的圆周运动。用意不用力，神经支配腰骨骼肌收缩产生肌张力为源动力，驱动两脚虚实变化，对地产生反作用力，这就是太极拳四肢屈伸内带外运动"主宰于腰"的根源，所以在盘拳、推手、散手搏击中起着主导作用。

五、太极拳静态（无极）肢体空间框架结构

以人体的重心点作为参照物，在人体重心圈的基础上，身体某一点左右（方位）、前后（距离）、上下（对地垂直高度）就形成了三维（方位、距离、高度）的空间坐标位置。人体无数个这样的坐标点的连线图就构成了人体肢体的静态空间框架结构。（图4-4、图4-5）

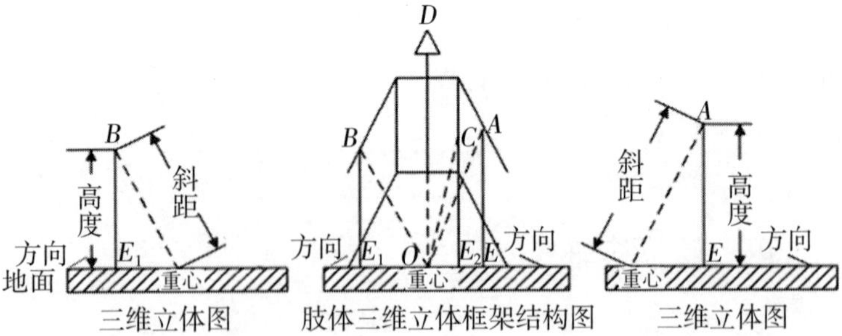

图4-4 三维立体结构图

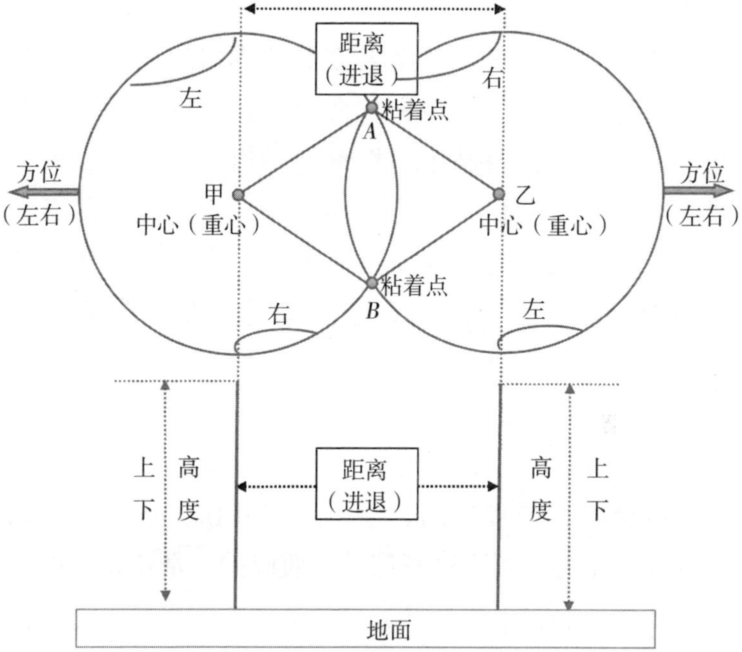

图4-5　双人三维立体俯视示意图

第三节　太极拳盘拳架太极（动态）力学原理

盘拳架一是按身、步、手、眼四法协调配合，是立法，是技术训练；二是螺旋缠丝、抻筋拔骨，身体素质的训练。要充分发挥人体外部结构筋、骨、肉，内部组织精、气、神功能的作用，盘拳架是练功的重要阶段，是推手搏击、四两拨千斤功夫的身体素质的储备。盘架诀曰：“盘架本是知己功，式式必须师傅授，身、步、手、眼求四法，明理多练心要悟。”王宗岳《太极拳谱》，是太极拳经典的理论著作。其在开篇就引用了《周易》“太极者，无极而生，阴阳之母也”，一语道破了太极拳的真谛。什么是太极？即静极生动，动极生静，一动一静，动的过程就是太极。“宇宙大人身，人身小宇宙”。太极拳人体之四肢屈伸运动就是一个阴阳组合系统，是以腰肌为主宰，以腰顶为中轴，以肢体骨骼为杠杆四肢屈伸、偏心旋转、上下相随的运动。

盘拳架是按力学原理运行过程。

盘拳时，静极生动，一个式子开始，用意，大脑通过神经系统控制支配腰部骨骼肌收缩（拳论称之腰隙的抽换）的肌张力为源动力，驱动两腿的虚实变化，偏心旋转产生力矩，腰利用两脚蹬地的反作用力（为主动力）驱动身躯，四肢为杠杆，以腰顶为中轴（全身的重心、支撑点）四肢屈伸偏心旋转上下相随，形成力偶，由静态转为动态三维立体空间肢体结构走螺旋缠丝形式（内力引起外力）的球形圆转运动，这就是拳论“无极而生，阴阳之母”的道理。

当一腿伸到极致（为合），另一腿屈到极致（为开）时，因两腿互为根，必然会向相反方向发展，这就是“周易”关于阴阳对立统一规律的展现。大脑经过神经系统支配腰骨骼肌收缩驱动两脚虚实向相反方向的转化，或左旋右转，或迈步进退，建立新的太极圈（下一式）。这样一式连一式，四肢屈伸，偏心旋转，上下相随，循环往复，都是以腰肌为主宰，内带外，按照“力矩”“力偶”的力学原理运行，就可以形成一套完整的太极拳套路。

一、太极拳的动力

（一）太极拳的古典拳谱、拳论说动力

陈鑫《太极拳论》中说：“太极拳动力本身就是产生于重心偏差倒换中，如果没有偏差，就是说重心摆在中心线上，那就会形成双重，失去动力而形成滞重的毛病。”又说：“太极拳是以分清虚实和重心偏转而产生偏心力矩作为动力源泉的。这是最省力的机械作用，可使人历久不疲。”又说：“身法虚实的变换，关键在于以腰隙命门穴为轴心的左右腰隙的抽换，腰隙向左抽则左实而右虚，腰隙向右抽则右实而左虚；以腰隙命门穴为轴的左右两肾抽换（外形是两腰侧的抽换）变换虚实，是全身总虚实的所在，也是‘源动腰脊’‘内动不令人知’的诀窍所在。”

（二）现代力学说动力

太极拳的动力是，来源于人体肌肉收缩的肌张力为源动力，是内力，来源于两脚虚实变换过程中脚踏地

的反作用力为太极拳的主动力，是外力。张昌亨主编的《运动生物力学》中说：“肌肉与人体的其他软组织不同，在神经的控制下，它能使化学能在常温下转换成机械能，通过自身的主动收缩而造成人体各关节的机械运动。”“肌肉收缩时的最大功率就是身体所具有的最大爆发力。这种能力不仅使身体运动，更重要的是加速运动。”牛顿第三定律讲：“当甲物体对乙物体有作用时，则乙物体对甲物体有反作用力，而物体的作用力与反作用力总是等大、共线、反向。”还说：“作用力与反作用力必定是同一性质的力。如果作用力是摩擦力，反作用力也是摩擦力；如果作用力是弹性力，那么反作用力亦是弹性力。”

“运动生物力学”“机械运动力学”与古典拳谱拳论对太极拳动力的认识是一致的，只不过古典拳谱拳论是表面形式的直观认识。用“运动生物力学”和“机械运动力学”的原理剖析和解读太极拳动力，即大脑通过中枢神经控制主动支配腰部骨骼肌收缩产生肌肉张力为源动力（内力），驱动两腿虚实变换对地面产生反作用力为主动力（外力），这样就进一步明确了太极拳动力产生的真正原因和依据。

二、太极拳的“力偶”走圆道的力学原理

“力偶”的力学原理。一圆是太极，是太极拳的主要特征。一圆是由力学“力偶”原理产生的，当

大脑神经支配腰骨骼肌收缩的肌张力（腰隙的抽换）带动两腿屈伸虚实变化，产生对地反作用力的同时产生偏心力矩，驱动四肢屈伸运动。因一腿渐虚，另一腿同时渐实，开裆、圆裆产生人体圆转运动，即“力偶”的作用，即符合“两个力大小相等、方向相反，而不在一条直线上的力。‘力偶’能使物体转动”的原理，也是克服双重的道理。所以太极拳每一个式子，或者左旋右转，或者迈步进退，都是三维的立体的圆转运动。（图4-6）

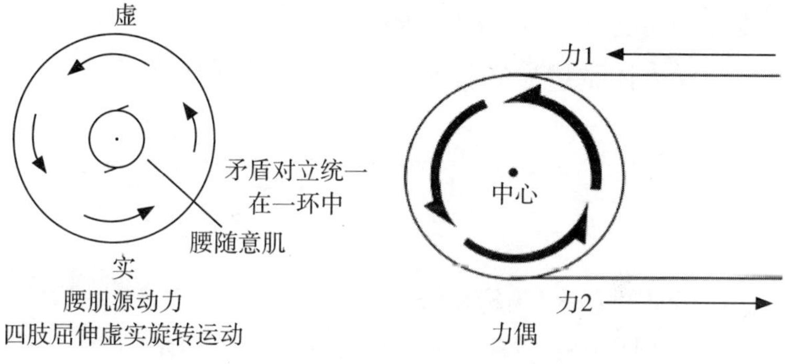

图4-6　力偶

三、太极拳“力矩”的杠杆平衡力学原理

杠杆平衡力矩的力学原理，是“周易”揭示的自然界运动和相对静止的统一规律，实际上是运动与平衡的规律。平衡是适应的手段，是存在的条件。太极拳的

四肢屈伸运动，由于偏心旋转的动力作用，产生力偶走圆的同时，力矩杠杆原理又保障了肢体自身的平衡。杠杆的平衡定理是："动力与动力臂的乘积等于阻力与阻力臂的乘积，即杠杆支点两端力点重量与力臂长度成反比，乘积相等。"公式：$F_1 \cdot L_1=F_2 \cdot L_2 \cdot F_1$表示动力的大小，$L_1$表示动力臂的长度，$F_2$表示阻力的大小，$L_2$表示阻力臂的长度。

（一）力矩的人体杠杆结构

腰顶上下一条线为中轴，是肢体的重心，是全身肢体杠杆的支点，身躯四肢为杠杆。

设人体重量为60公斤，重心圈半径40厘米。

（二）人体无极时（静态），人体重心圈与中心圈重合

公式：$F_1 \times L_1=F_2 \times L_2$

左脚F_1=30公斤，L_1=40厘米，力矩30×40=1200（N·cm）

右脚F_2=30公斤，L_2=40厘米，力矩30×40=1200（N·cm）

太极拳在人体静态时，腰顶中轴（支点）两端重量与臂长成反比，乘积（力矩）相等，符合力学杠杆平衡原理。

（三）太极拳人体太极（动态）力矩杠杆平衡的规律和特性

盘拳时，没有外力作用，大脑用意控制支配腰肌收缩的张力（源动力）驱动四肢屈伸改变重心的位置，调整力点臂长和重量进入太极状态。太极拳四肢屈伸，右屈左伸：重心向右移动10、20、30、40厘米，杠杆“力矩”的变化情况。（图4–7 ~ 图4–9）

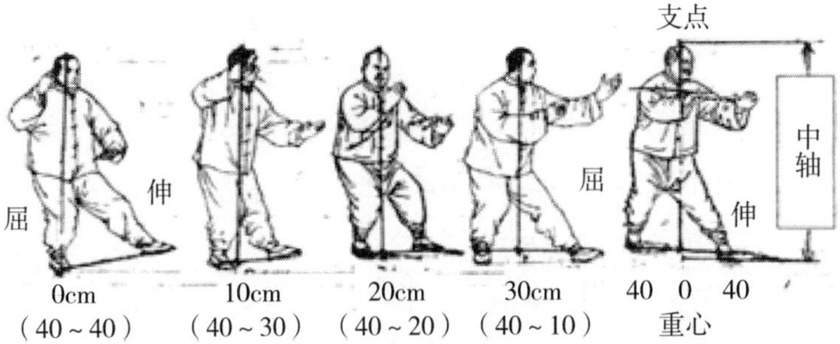

图4–7 偏心旋转，重心从40向30、20、10、0移动

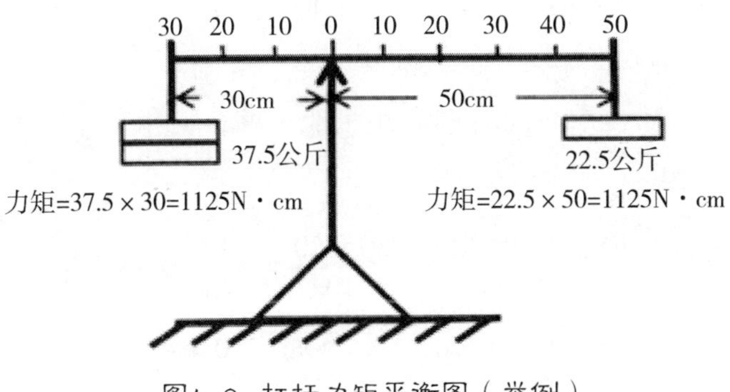

图4–8 杠杆力矩平衡图（举例）

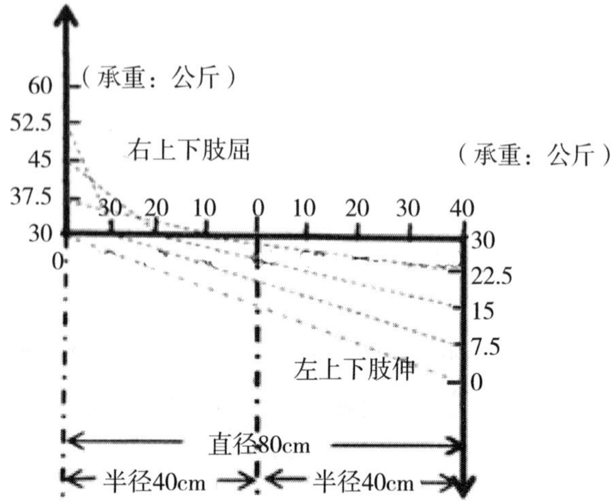

图4-9 四肢屈伸杠杆力矩平衡图

根据前图，已知：重心向右移动10厘米，即右屈减10厘米，左伸加10厘米，求右腿和左腿的承重并求力矩。

$$F_2=\frac{30\times(40+10)}{40}=\frac{30\times 50}{40}=\frac{1500}{40}=37.5\text{公斤}$$

右脚F_2= 40−10　37.5　上下屈　30×37.5　力矩 1125（N·cm）

左脚F_1= 40+10　22.5　上下伸　50×22.5　力矩 1125（N·cm）

已知：重心向右移动20厘米，求右腿和左腿的承重并求力矩。

$$F_2=\frac{30\times(40+20)}{40}=\frac{30\times 60}{40}=\frac{1800}{40}=45\text{公斤}$$

右脚F_2= 40−20　45　上下屈　20×45　力矩 900（N·cm）

左脚F_1= 40+20　15　上下伸 60×15　力矩 900（N·cm）

已知：重心向右移动30厘米，求右腿和左腿的承重并求力矩。

$$F_2=\frac{30\times(40+30)}{40}=\frac{30\times70}{40}=\frac{2100}{40}=52.5\text{公斤}$$

右脚F_2= 40−30　52.5 上下屈　10×52.5　力矩 525（N·cm）

左脚F_1= 40+30　7.5 上下伸　70×7.5 力矩 525（N·cm）

已知：重心向右移动40厘米，求右腿和左腿的承重并求力矩。

$$F_2=\frac{30\times(40+40)}{40}=\frac{30\times80}{40}=\frac{2400}{40}=60\text{公斤}$$

右脚F_2= 40−40　60　上下屈 0×60　力矩　0（N·cm）

左脚F_1= 40+40　0　上下伸 80×0　力矩　0（N·cm）

右腿屈			左腿伸			
半径a 阻力臂（厘米）	承重 阻力（公斤）	偏心 力矩（N·cm）	半径 动力臂（厘米）	承重 动力（公斤）	偏心 力矩（N·cm）	效果
40	30	1200	40	30	1200	硬手
40−10	37.5	1125	40+10	22.5	1125	僵柔
40−20	45	900	40+20	15	900	松软
40−30	52.5	525	40+30	7.5	525	轻灵
40−40	60	0	40+40	0	0	虚无

经数学方法验证：

盘拳时，没有外力的作用，四肢屈伸，偏心旋转，上下相随。重心移动时的数学分析：右屈左伸，重心向右移动10厘米，从40厘米变成30厘米，重量变重，从30公斤变成37.5公斤；左伸半径变长，从40厘米变成50厘米，重量变轻，从30公斤变成22.5公斤。重量与臂长成反比，但左右两侧的重量与臂长的乘积，$30 \times 37.5=1125$，$50 \times 22.5=1125$，力矩相等。数据证明，虽然重心向右移动，但四肢屈伸改变了重心位置的同时，也改变了力点的臂长和重量，仍然使腰顶支点两端的臂长与重量的乘积力矩相等，保持了平衡，符合力学杠杆平衡原理。依此类推，右移20厘米、30厘米、40厘米也是同样的道理。人体重心移动通过数学分析，得出以下力矩杠杆平衡的规律和特性。

①腰顶中轴支点两端力矩相等的前提下，人体重心在重心圈内可以随意移动。

②杠杆的力臂越长越轻灵。例如，幼儿园旋转滑梯，从上向下螺旋运动毫不费力。酒店旋转大门，作用点离门轴越远越觉轻灵。撬杆的把手离支点越远越省力。

③太极拳的四肢屈伸是运动的实体，偏心旋转是内部产生力矩和力偶机制的条件，上下相随是四肢屈伸的规矩和标准。

④太极拳动态的平衡，是总体的平衡。在实践中平衡是相对的、有条件的。有时两臂超出外三合的位

置（力矩不相等），但人体重心没有出重心圈，是总体的平衡，是可以的（但是两人推手搏击时，两个人成了一个阴阳组合的整体，是一个大的重心圈，一个人出了自己的重心圈而因另一个人的配重作用没有出大的重心圈，这个人仍可以保持总体的相对的平衡，但这是暂时的，如果失去了对方，就会失去总体的平衡而跌倒）。

⑤平面看是一个圆，立体看是一个旋转的球体，这是由于四肢屈伸时上下相随的偏心旋转，内部产生的力矩力偶的机理，外部形成三维立体肢体结构走螺旋缠丝的体制构成的。

第四节　太极拳推手（动态）力学原理

盘拳架是立法，是知己功夫，是松柔身体素质和技术身体素质的训练，是熟练养成训练，属于第一阶段；推手是知人功夫，是听劲、懂劲的技术战术训练，是执法、应用训练，属于练功的二个阶段。它们是一脉相承的。两者区别在于，盘拳架时，动力是内力引起外力的运动；而推手时，是外力引起内力的运动。但两者都是内外一致的运动。推手主要是在外力的推动下四肢屈伸被动顺随听着对方的力，借力偏心旋转，上下相随，克服双重，自然产生四两拨千斤的功能效果。

一、推手力学原理的应用过程

甲乙两方推手，乙方进击，甲方接手。

甲方用意不用力，用肌肤触觉和内部感觉，感知外力在粘着点的大小、方向和速度，大脑通过中枢神经系统的控制支配腰部骨骼肌收缩（源动力）的肌肉张力带动两腿虚实变化产生对地反作用力驱动四肢屈伸（外力引起内力），开裆、圆裆偏心旋转上下相随的运动，甲方身肢杠杆支点两端力矩，两腿伸的一侧（动力臂）杠杆变长，重量变轻，是逆缠丝，是合，是向心力；同时屈的一侧（阻力臂）杠杆变短，重量变重，为开，是顺缠丝，是离心力。形成以甲方为中心的三维立体肢体框架结构，走螺旋缠丝的“力偶”圆转运动。甲方因支点两端力矩相等而保持身肢的平衡。此时乙方因合力被分，粘着点重里现轻（指对方推力由大变小），成惯性力与甲方螺旋缠丝劲成矢量夹角，乙方因失去重心而被甲方小力拨动而跌出，即甲方自然产生“四两拨千斤”的功能。

二、人体四肢屈伸的内部含义

（一）内部含义

四肢屈伸偏心旋转，上下相随的运动姿势是有严格要求的。上下相随的四肢屈伸，在运动中上下肢随时保持手脚、肘膝、肩胯上下要对准的外三合，这样的四肢屈伸才能形成偏心力矩、力偶，能随时保持腰顶中轴支点两端力点力矩的相等，使身肢保持平衡。在平衡的状态下，就会自然形成力偶，使身肢这个杠杆螺旋转动起来。从中可以看出，在四肢屈伸运动中偏心旋转，上下相随的重要性，以及在推手搏击运动中，内部要产生偏心力矩、力偶；外部要形成三维立体肢体空间结构和走（动态）螺旋缠丝的运行体制（形式），是太极拳“四两拨千斤”功夫的关键技术。

四肢屈伸，内隐偏心力矩、力偶，这是内因的机理。拳论指出：“杠杆粘点和螺旋转化原理，天然地具有四两拨千斤的功能，可以化掉一切重力。”偏心力矩在物体转动时，力和力臂的乘积叫力矩。实践证明，杠杆支点两端，力点的重量和力臂的长度成反比，乘积相等，这就是杠杆作用平衡原理。四肢屈伸时，产生偏心力矩，只要做到外三合，即四肢按上下相随的规矩运行，就能使腰顶中轴为支点，两端肢体为杠杆的偏心力矩相等，就能保持身体的平衡。在四肢屈伸产生偏心力矩的同时也产生力偶。力偶“就是作用于物体上两个大小相等、方向相反而且不在同一直线上的力。力偶能使物体转动。太极拳的四肢屈伸，正好利用了力偶的作用原理，使身肢这个杠杆螺旋转动起来。所以，太极拳受外力时，四肢屈伸，内隐偏心力矩、力偶的有机配合，外显三维立体身肢结构走螺旋缠丝的运动，自然形成“四两拨千斤”的功能，可以化掉一切重力。但要想做到这一点，在四肢屈伸偏心旋转时，必须做到上下相随。

上下相随是指按照身、步、手、眼四法协调配合，四肢屈伸偏心旋转、上下相随地分清虚实。拳论上说："如果右手下沉为实，则右足必虚；等右手转到上挒为虚时，则右足就随上面的手转为实；这样做被称为上下相随的分清虚实。"更准确地说，四肢屈伸运动中上下相随，要求做到手脚、肘膝、肩胯外三合，处处对准，节节贯穿，达到周身一家。要求做到破之而不开、撞之而不散的运行结构，即三维立体空间身肢结构。

只有做到四肢屈伸偏心旋转、上下相随，才能产生偏心力矩杠杆平衡与力偶螺旋转动，在外力的作用下，才能不失重而肢体圆转自如。

太极拳四肢屈伸偏心旋转、上下相随的运动，内含"四两拨千斤" 功夫以柔克刚的八大要素：

①重心偏离中心，产生力偶。在外力作用下，身肢自动旋转，是三维立体走螺旋缠丝的基本运行条件。

②重心偏离中心，产生偏心力矩。由于杠杆作用和力偶螺旋转化产生"四两拨千斤"以轻制重的功能，是太极拳功夫的基本要素。

③偏心旋转，产生始终以我为中心，让彼走外圈的重要作用。这是以慢制快的又一特点。

④两腿虚实变化，脚踏地反作用产生太极拳的动力。盘拳时的主动力和推手瞬间的发力，都是对地的反作用产生的。

⑤四肢屈伸偏心旋转上下相随的运动，内部产生偏心“力矩”“力偶”的有机配合，外部形成三维立体肢体空间结构走螺旋缠丝的体制的太极圆球，成为其功能的基础条件。

⑥螺旋缠丝劲是四肢屈伸时偏心旋转、上下相随在肢体肌肤表面的反映，在双方进行推手或散手时，有着重要作用。

⑦身肢得到极大的放长，松柔劲的提高又会增强以上各项功能。

⑧偏心旋转、上下相随的四肢屈伸。上下相随既是四肢屈伸动作的规范，又是衡量太极拳功夫高低的尺度标准。

（二）功能特点

通过推手实际运作，在外力的作用下四肢屈伸时，偏心旋转、上下相随地运动。四肢屈伸是太极拳运动的主体，偏心旋转是产生“力矩”“力偶”的基础条件；上下相随是规矩和标准。最终要形成内隐偏心“力矩”“力偶”的机理，外显三维立体空间肢体结构走螺旋缠丝的体制的外部形态。平面看是一个圆，立体看是一个旋转的球体，产生以下功能特点。

1. 用意不用力，走圆道的功能

在外力的作用下，被动顺随，用意不用力，内部产生“力矩”“力偶”的机理，外部形成螺旋转动，这是太极拳运动的基石。

为什么太极拳是用意而不是用力?

被动顺随，用意全是为了产生力偶，使身肢杠杆螺旋转动，使自身自然形成“四两拨千斤”的功能。这是太极拳用意不用力的科学规律。用力是双重，不能产生力偶，不能形成“四两拨千斤”的功能，自然就滑到拼力的道路上去了。

2. 主导的源动力，运动的主动力

主导的源动力是指大脑中枢神经控制支配腰骨骼肌收缩的肌张力，是全身运动的源动力。

主动力是指源动力驱动两腿虚实变化产生的对地反作用力，是太极拳全身运动的主动力。

需要说明的是，双方推手时，在外力作用下，腰骨骼肌是在大脑中枢神经控制支配下收缩的肌张力（源动力）驱动四肢屈伸运动。腰骨骼肌的主动收缩的肌张力在抵消消化外力的情况下，同时主动在意的指挥下可随意改变外力来力的方向。这是拳论“主宰于腰”的原因，也是用意在柔化、转关、发放对方时在大脑中枢神经控制支配下的腰骨骼肌收缩的肌张力起着主导的关键作用。

3. 以轻制重

在外力作用下，四肢屈伸，偏心旋转，上下相随，伸的一侧“力矩”杠杆力臂变长，重量变轻使对方失去

重心，这是太极拳产生以轻制重的功能。

4. 以慢制快

太极拳因为一切动作都是走内圈，以我为中心，彼始终走外圈，所以走内圈的慢总是比走外圈的要快，这就是太极拳以慢制快的功能特点。（图4–10）

同样速度走过同样的角度，内圈AB线段要比外圈CD线段短得多，这就是太极拳以慢制快的原理。

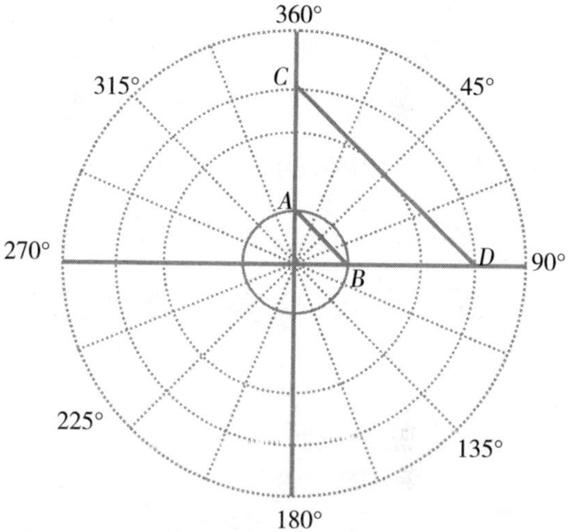

图4–10

5. 肌肤的缠丝劲

螺旋缠丝劲是太极拳四肢屈伸时，偏心旋转、上下相随运动在人体肌肤表面的反映，是柔化转关圆滑的旋转劲。在双方推手时，在“化引拿发”“四两拨千斤”功夫中起着直接的作用。

6. “四两拨千斤”的功能特点

在双方推手运动中，被动顺随一方用意不用力，在外力作用下四肢屈伸偏心旋转上下相随内部产生“力矩”“力偶”的机制，外部形成三维立体肢体结构走螺旋缠丝的体制，自然产生太极拳的动力；人体在源动力、主动力的驱动下四肢屈伸产生力矩的杠杆作用以轻制重的功能；以我为中心彼始终在外圈的以慢制快的功能和外部形成的缠丝劲等几种功能的有机配合，自然产生太极拳“四两拨千斤”的功能。

第五节　太极拳技击的力学原理及应用

一、图例说明

双方搭手，乙方向甲方左侧进击。人刚我柔谓之走，甲方抽右胯，四肢屈伸偏心旋转，左侧伸右侧屈，即左重则左虚。左侧伸，上肢实下肢虚，整体向左后反时针旋转逆缠丝下沉，顺势借力牵引，是向心力为虚、为柔、为合。右侧屈，上肢虚下肢实，整体向右前反时针旋转顺缠丝上升。我顺人背谓之粘，粘贴，转背为顺，离心力为实、为刚、为开。由于四肢的屈伸顺势借力，使乙方失去重心（从中心0至“重

心”），甲方四肢伸合屈开一环中，柔刚相济，把乙方发了出去。（图4–11）

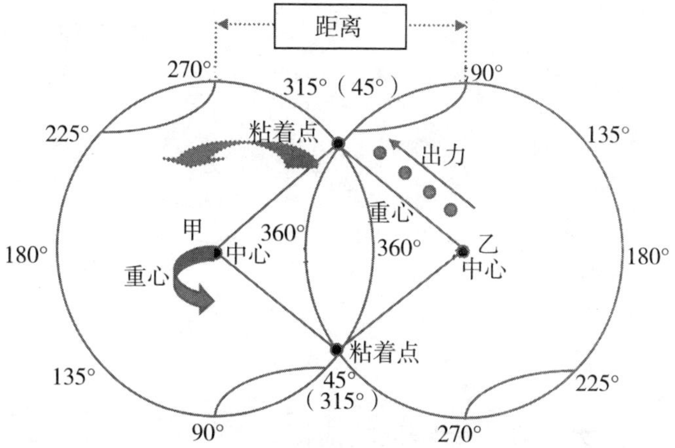

图4–11 左重则左虚

双方搭手，乙方向甲方右侧进击。人刚我柔谓之走，甲方抽左胯，四肢屈伸偏心旋转，上下肢右侧伸，左侧屈。即右重则右杳。右侧伸，上肢实、下肢虚，整体向右后顺时针旋转逆缠丝下沉，顺势借力牵引，是向心力，为虚、为柔、为合。左侧屈，上虚下实，整体向左前顺时针旋转、顺缠丝上升，我顺人背谓之粘，粘贴、转背为顺，离心力为实，为刚、为开。由于四肢的屈伸顺势借力，使乙方失去重心（从0至“重心”），甲方四肢伸合屈开一环中，柔刚相济把乙方发了出去。（图4–12）

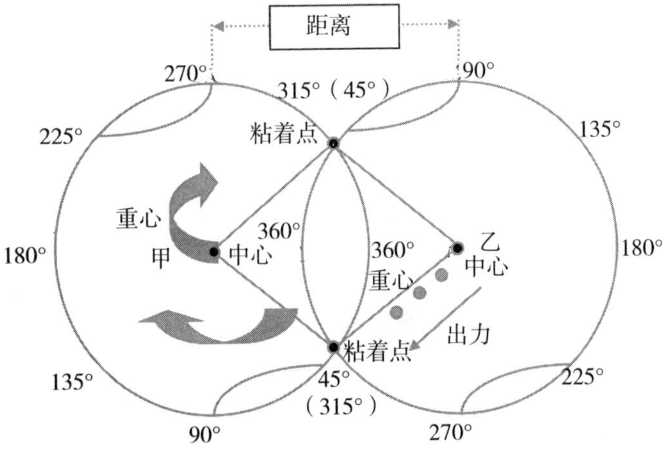

图4-12 右重则右杳

二、太极拳力学原理的应用

（一）高手诀

任他巨力来打我，
牵动四两拨千斤。
引进落空合即出，
粘连黏随不丢顶。

摘要：

能克服双重，进入懂劲阶段。能运用三维立体身肢结构走螺旋缠丝的运行机制，能“四两拨千斤”，借力打人。

《太极拳全书》一书中说：“以柔克刚到高级阶段，不管对方怎么打来，都要安排好自己。彼挨我皮毛，我意接定彼劲，挨皮毛，即不丢不顶，用意去接，即是顺随之势；能顺随，则能借力；能借力，则能打人，此所谓借力打人，四两拨千斤是也。”也就是说，我以柔克刚，以三维立体身肢走螺旋缠丝的运行机制，通过粘连黏随的方法，粘着点在抽胯四肢屈伸带动下螺旋转关，避免“双重”，把彼劲引进落空，借彼力将彼发出。即此已进入高手阶段。

（二）妙手诀

三维立体走螺旋，
全身处处有虚实。
触处成圆能化发，
虚化实打理当然。

摘要：

精通太极拳古典拳谱、拳论，懂得阴阳虚实开合，熟练运用三维立体身肢结构走螺旋缠丝运行机制、体制，懂劲后完全掌握化引拿发的技巧。

解读：

抛砖引玉，拳家谈妙手。陈鑫说：“依着何处何处击，无心成化如珠圆，此是本地风光，最难最难。”

“随意而应，自然就能不拘泥于掤捋挤按、采挒肘靠等八法、八劲；这是由粘连黏随到达懂劲阶段，进而达到触处成圆，能化能发的‘阶级神明’的功夫。”（《太极拳全书》246页）

“太极功夫，其最高者，是找虚无的气势，有了虚无的气势，才能感应灵敏，才能容化万物……”（《太极拳理传真》）

“一举动，轻柔重刚齐发的，处处能控制对方重心，使失去平衡，处处能越过对方防守点轻灵地进逼，使对方不知我手从何而来，达到‘出手不见手，手到不能走’的境界。才是太极拳的妙手。”（《太极拳全书》251页）

“至于练神，则是更高的阶段了。到此阶段，体已柔，气已盈，大多只是注重精神的涵养、静境的追求了。体力消耗更少，精力的积聚多，身体更健康，只在追求技击功夫上的虚无变化了。技击功夫已成高手，推手则已到了化劲人不知、发劲人不觉的神妙境界。”（《太极拳理传真》49页）

第五章　太极拳练功

练功诀：

练体练气又练神，
文成武成才是成。
盘拳推手练散手，
着熟懂劲见神明。

摘要：

盘拳、推手、散手是练功的方法步骤。盘架子练着熟；推手练的是听劲和懂劲。盘架子和推手同时练了体的松柔，气的充盈，神的宁静。要练到文成武成，才能达到神明妙手的最高境界。

解读：

太极拳讲求以柔克刚，四两拨千斤是它的主要特征。所以练太极拳功夫必须从“柔”字下手，主要是练“柔”的功夫，即有心求柔，无心成刚。这里的“柔”有它广义和深层次的含义。练体的松柔、练气的充盈、练神的宁静是太极拳功夫的主要内容。

太极拳研究的对象，是遍体的松柔、内劲的虚实、触觉的灵敏、全身的完整。这是它深层次的内容和含义，是通过练功要达到的目的。文成是体，盘架子是练身体的素质；武成是用，武是武术，推手是练术，是练“四两拨千斤”的功夫。太极拳功夫必须文成、武成兼而有之。只有文成没有武成是软手；只有武成没有文成练不到更高层次，练多少年都是硬手。盘架子、推手、散手是练功的方法和步骤，只有通过这样的练功方法和步骤，才能达到着熟、懂劲、阶级神明。

练太极拳功夫要牢记三句话，即四肢屈伸、偏心旋转、上下相随，这是练太极拳功夫的基本内容；身体素质要三练，即松柔的素质、技术素质、战术素质，这是太极拳的基本功夫；练太极拳功夫要过三关，即理论关、顺随关、双重关，这是练太极拳功夫入门的基本要求。

第一节　盘拳架

盘拳诀：

盘架本是知己功，
式式必须师傅授。
身步手眼求四法，
明理多练心要悟。

摘要：

盘架子是练体，四法协调配合养成立身中正，四肢屈伸、偏心旋转、上下相随，内部产生偏心力矩、力偶的机制，逐步形成稳固的三维立体身肢结构走螺旋缠丝运行体制。内外三合抻筋拔骨，内气充盈长内劲。

一、杨式108式太极拳的传承及拳谱

（一）杨式108式太极拳的传承

杨式108式太极拳，是在杨健侯在清王府传授的传统六十二式太极拳（俗称“老六路”）的基础上，经过不断补充完善而成。

朱怀元先师（老六路传人）说：“老六路是健侯宗师教家里人的内功拳，他完全按照拳道学总则阴阳修炼。杨健侯秘传的“老六路”一脉，较完整地保留了杨家原始拳架的内功练法与柔手秘技。”

笔者在天坛巧遇明鉴老师（王培生老师的弟子），相处几年，从他那里学会了杨式108式太极拳。

（二）杨式108式太极拳拳谱

预备式　1.起势　2.海底针　3.揽雀尾　4.单鞭

5. 提手上势 6. 海底针 7. 白鹤亮翅
8. 左搂膝拗步 9. 手挥琵琶 10. 左右搂膝拗步
11. 手挥琵琶 12. 左搂膝拗步 13. 搬拦捶
14. 如封似闭 15. 十字手 16. 抱虎归山
17. 高探马 18. 揽雀尾 19. 斜单鞭
20. 肘底看捶 21. 倒卷猴 22. 扑面掌
23. 提手上势 24. 海底针 25. 白鹤亮翅
26. 左搂膝拗步 27. 手挥琵琶 28. 左搂膝拗步
29. 海底针 30. 闪通臂 31. 翻身撇身捶
32. 搬拦捶 33. 上步揽雀尾 34. 单鞭
35. 云手 36. 单鞭 37. 左右掤手
38. 高探马 39. 吐纳功 40. 右分脚
41. 左右掤手 42. 高探马 43. 吐纳功
44. 左分脚 45. 转身左蹬脚 46. 左右搂膝拗步
47. 进步截捶 48. 翻身撇身捶 49. 搬拦捶
50. 右蹬脚 51. 左披身伏虎 52. 右披身伏虎
53. 右蹬脚 54. 白猿献果 55. 双峰贯耳
56. 左蹬脚 57. 转身右蹬脚 58. 搬拦捶
59. 如封似闭 60. 十字手 61. 抱虎归山
62. 高探马 63. 揽雀尾 64. 斜单鞭
65. 野马分鬃 66. 揽雀尾 67. 单鞭
68. 玉女穿梭 69. 揽雀尾 70. 单鞭
71. 云手 72. 单鞭 73. 右下势
74. 金鸡独立 75. 下势 76. 金鸡独立
77. 倒卷猴 78. 扑面掌 79. 提手上势

80. 海底针	81. 白鹤亮翅	82. 左搂膝拗步
83. 手挥琵琶	84. 左搂膝拗步	85. 海底针
86. 闪通臂	87. 翻身撇身捶	88. 搬拦捶
89. 上步揽雀尾	90. 单鞭	91. 云手
92. 单鞭	93. 高探马	94. 白蛇吐信
95. 转身十字蹬脚	96. 指裆捶	97. 揽雀尾
98. 单鞭	99. 下势	100. 上步七星
101. 退步跨虎	102. 白蛇吐信	103. 双摆莲
104. 弯弓射虎	105. 搬拦捶	106. 如封似闭
107. 十字手	108.收势	

二、盘拳架的法规

“知己知彼，百战百胜”，这是兵家常识。盘架子是知己功夫，必须由师傅口传身授。拳架身、步、手、眼动作运行都有严格的规矩。因为太极拳是以柔克刚，是以弱胜强，是以小力胜大力，所以对太极拳拳架就有特殊的要求，就要一反常态，要逆向思维，要被动柔化。所以每个拳式都要以四法协调配合内部产生力矩、力偶的机制，外部形成三维立体身肢结构走螺旋缠丝的体制为基础，为盘架子立下必须遵循的法规，即身法、步法、手法、眼法。“架子是本，要松软舒适地练架子，最为要紧”。这里的四法就是太极拳功夫的法规，必须遵守。盘架子就是明理多练，熟悉法规的过程，养成习惯，锻炼成熟的身体素质，给太极拳功夫奠定基础。

盘架子是立法，即身法、步法、手法、眼法。太极拳四肢屈伸、偏心旋转、上下相随、循环往复都是用意不用力，腰肌主宰，以内带外，按“力矩”“力偶”的机理走圆道运行，都是“周易”圆道观和宇宙万事万物三个基本运动规律的体现和应用。太极拳的圆道不是简单的而是更高级、更精密运动的三维立体肢体空间结构走螺旋缠丝式的球体，要求极其严格。古典拳谱、拳论对身法、步法、手法、眼法都有具体的要求和规范。

（一）身法

身法诀：

提顶吊裆中轴树，
含胸拔背胸中虚。
气沉丹田腹中实，
沉肩坠肘理当然。

摘要：
提顶吊裆，气沉丹田。
含胸拔背，垂肩坠肘。
解读：

身法是太极拳功夫的基础功。王宗岳在《太极拳论》中说：“不偏不倚，立如秤准，活似车轮。”可见是肢体运动中的中流砥柱。

身法的具体要求：“①消除杂念，思想专一；②头要正，眼平视，虚领顶劲；③舌顶上腭，唇轻闭，齿轻合，下颌内收；④沉肩，两臂自然下垂；⑤含胸拔背；⑥裆开，双膝微屈；⑦全身放松；⑧呼吸自然；⑨意存丹田。重点是提顶吊裆，气沉丹田，含胸拔背，沉肩垂肘。在运动中，不能前俯后仰。腰顶中轴与地面保持垂直是移动的散点，但这个重心不能出两脚的中心圈。

（二）步法

步法诀：

步法进退要渐变，
渐虚渐实要自然。
上下随和最重要，
太极功夫腿上来。

摘要：

足随手运，两腿要跟上两臂的旋转速度运行，外三合，上下相随时要对准。步法不能突变。四肢屈伸虚实开合，是柔化刚发的基础功夫。

解读：

步随身换，“手如何运，足如何运”　。外三合都合上以后，四肢屈伸，就形成了三维立体身肢走螺旋缠丝的完整的太极球。长期的轻、慢、匀、圆的锻炼，身肢得到放长而生柔。步法一伸一屈上下相随，重心偏移产生了偏心力矩，两脚间重心移动就是太极功夫柔化刚发的动力。四肢的屈伸运动，腰顶中轴两侧，一侧伸上下肢同时旋转下降，另一侧屈上下肢同时旋转上升，形成一个动作灵活、劲完整的太极球。这个球灵活不灵活，劲完整不完整，在于“足随手运尤其要紧”。运动中，进步时脚跟先着地，退步时脚尖先着地，都是圆形，不许直来直去。当两脚虚实变化时，要注意脚跟与脚尖虚实变化。动步要轻，迈步如猫行。

（三）手法

手法诀：

掤捋挤按四正手，
採挒肘靠斜角走。
手法都是掤劲生，
上下相随都是手。

摘要：

掤捋挤按，採挒肘靠。

解读：

陈式太极拳对手法（八法）的解说：“太极拳要求用意不用力，但不是用意不用劲，因为太极拳就是由八门劲构成的。八门劲都具有放长的弹性，所以称为‘劲’而不是‘力’。八门劲的名称虽有不同，但实质上只有一个掤劲。其余七个劲只不过因方位与作用不同而另有称谓而已。所以太极拳也可以称为掤劲拳。”

在练过一二年求软摧僵的功夫以后，自觉僵劲已去净，即可在走架子时表现出劲别来。表现出劲别，乃是太极拳所必不可少的，也是八劲所要求的。要求做到：

①向外有掤劲，向内有捋劲，双合有挤劲；

②向下有按劲，双分有採劲，发出有挒劲；

③手腕出了方圆有肘劲，肘臂出了方圆有靠劲。（《太极拳全书》59页）

（四）眼法

眼法诀：

心者发令眼传令，
步随身换身随手。
走架推手看前手，
声东击西随意走。

摘要：

眼是心之苗，随意行。眼神有去有回，有左顾右盼。视觉、听觉、触觉是有机配合的。

解读：

眼神有去（向前看）有回（近看），左顾（左看）右盼（右看）。眼是心之苗，眼神要随意行。心意往哪里想，眼睛就要往哪里看，心意是发令者，眼睛是传令者，上下肢和身躯是执行者。拳论说“意气君来骨肉臣”是也。

一般规律是，心意想，神到，形去，气到、形到（内外三合齐到）。拳论又说：“须知视觉、听觉和触觉是有机配合在一起的，不是乖离的。”（《太极拳全书》245页）

三、人体四肢屈伸虚实开合

（一）人体四肢屈伸

四肢屈伸是太极拳盘拳、推手、散手的基本动作姿势。一个四肢屈伸开合，是一个拳式，是太极拳内最小单元。四肢屈伸是运动的实体，偏心旋转是四肢屈伸内部产生力矩、力偶的运动机制和外部形成三维立体走螺旋缠丝体制的条件，上下相随是四肢屈伸的规矩和标准。要求上下肢屈伸做到时空的统一。时间就是速度，空间就是肢体所在位置。拳论要求“一动全动，一停全停”，要求四肢屈伸偏心旋转上下肢要随时间做到“手脚、肘膝、肩胯”的外三合。上下要对准，不能错位，错位就是太极拳的“散”。

（二）人体虚实开合

开合诀：

腰顶中轴两个轮，
手轮折叠屈伸就。
脚轮虚实方向变，
阴阳开合轮子转。

摘要：

太极拳四法协调配合，按三维立体身肢走螺旋缠丝的运行体制运作。四肢屈伸，偏心旋转，上下相随。体现虚实开合运作的自然规律，中轴一边是伸，是虚是合是降，另一边是屈是实是开是升，形成一个圆转运行的球，与太极图完全一致。

拳论说："开合虚实即为拳经。""一开一合拳术尽矣。"（《太极拳全书》266页）

三维立体身肢走螺旋缠丝的运行体制，是开合虚实的最好体现，是身、步、手、眼四法协调配合的结晶，是以柔克刚的舞台，是练松柔和技术的身体素质，是太极拳盘拳、推手功夫的基础。太极拳每个拳式都必须按照三维立体身肢走螺旋缠丝的运行体制去运作。四肢屈伸、立身中正练的是轴；偏心旋转、抻筋拔骨练的是柔；上下相随、外三合练的是整。在太极拳练功和散手应用时都要中正安舒，腰顶中轴直竖，两腿两臂要屈伸相随。要按照身步手眼四法的规矩协调运行。腰顶中轴两个轮，上肢两臂是惰轮，只起到劲的结构支撑传递和杠杆配重作用，下肢两腿是动轮是根基。拳论说：“动为阳，静为阴，一动一静，即为开合。”又说：“阴变阳为开，阳变阴为合，此就太极拳之全体而言也。”（《太极拳全书》307页）

四、盘拳架的实际运作

两脚一前一后开立站位，以人体重心为参照物，以人体重心圈为运行基础。

盘拳架，起势用意抽右胯（腰右骨骼肌主动收缩产生肌张力）右实左虚，偏心旋转，上下肢相随的运作。

腰顶中轴两侧，左侧上下肢伸，右侧上下肢同时屈。左侧上下肢伸（上肢实下肢虚）逆缠丝向左后，腿由实渐虚下沉为合。

右侧上下肢屈（上肢虚下肢实）顺缠丝向右前，腿由虚变实上升为开。

用意抽左胯（腰左骨骼肌主动收缩的肌张力）左实右虚，偏心旋转，上下肢相随的运作

腰顶中轴两侧，右侧上下肢伸，左侧上下肢同时屈。右侧上下肢伸（上肢实下肢虚）逆缠丝向右后，腿由实变虚，下沉为合。

左侧上下肢屈（上肢虚下肢实）顺缠丝向左前，腿由虚变实上升为开。从始至终就是一幅完美的太极图。

盘拳时的运作，当一腿伸，虚到极致，另一腿屈，实到极致时，为了保持平衡必须向相反的方向发展，或左旋右转，或迈步进退（下一式开始），建立新的太极圈。这样一式连一式，阴阳虚实、循环往复地运行，从起势到收势，就是一趟太极拳套路。

五、盘拳架运行初学者须知和练功法则要点

（一）初学者须知

①爱国守法，尊师重道，热爱太极拳运动，勤学苦练，做一个健康的人。

②学点《周易》，学点太极拳古典拳谱、拳论，学点力学基本概念，是太极拳入门的好向导。

③太极拳套路，前几年先开展走大架，以后可紧凑走小架，练功夫要身体量力而行。

④太极拳套路“先形似后神似”，太极功夫是人体素质的积累、技术的积累，逐渐步入太极拳的大门。

⑤尊师爱友，创造良好的练功环境，利用听、看、练的方法，善于学习，善于总结悟道。

（二）盘架子的法则要点

太极拳是有心求柔无心成刚，是以柔克刚、“四两拨千斤”为主要特征的武术。盘架子时要求，有诗云：盘拳要点要记牢，消除杂念要专一。思想放松骨节松，

松散通空要入静。走架用意不用力，要轻要慢要圆活。动作呼吸要匀清，日久天长功渐成。

盘拳时，静为无极，动为太极。从静到动再从动到静，动的过程就是太极。静时要进入无极状态。行拳时从始至终要思想专一，消除一切杂念。思想放松，全身骨节要放松。动的过程为太极，要求做到：用意不用力，要轻、要慢、要圆活，动作呼吸要匀清。这是太极拳功夫对人体素质的要求。

①**轻**。只有极轻才能极灵。初学者应当先从“轻”字下手。须知太极拳的练法，主要是精神上养成感觉灵敏，并不是专从动作上去追求身法灵活，前者用力少，而后者用力多，用力过大对敏感有一定影响。因此在初学时应当用力越少越好，从“轻”字上下功夫。拳论说：“往来屈伸，如风吹杨柳，天机动荡，活泼泼地毫无滞机。”练好轻的动作，只是为了以后练功打下基础，是练成灵敏功夫的入门阶梯。

②**慢**。太极拳的动作应当比其他武术项目都慢，这是毫无异议的。尤其是初学阶段更需刻意求慢，也可以说越慢越好。一则对于体弱的人更为相宜；二则可以避免动作草率而影响姿势的正确；三则慢练，练的是功夫，有益抻筋拔骨，有益全身松柔素质的锻炼；四则同轻一样是太极拳的基础功夫。

③**圆生柔**。这是太极拳功夫的基石。在太极拳里任何一个动作都要走弧线，不许走直线。拳论说：“至于手足运动，不外一圈，绝无直来直去。”所画

之圈，有正有斜，无非一圈一太极。“足随手运，圆转如神”。即使到了功夫很深的时候还是非走弧线不可。太极拳四肢屈伸、用意不用力、两臂两腿上下肢相随的协调配合，偏心旋转、上下相随，内部产生偏心力矩、力偶的机制，外部形成三维立体肢体结构走螺旋缠丝的体制的太极球圆转运动，与“周易”的圆道观和“周易”揭示的宇宙万事万物运动三大基本规律是吻合一致的，是一幅完美的太极图。这是太极拳的基本功。

④**匀**。上面所说的第一点，轻是动作上的力量问题；第二点，慢是动作上的速度问题；第三点，圆是动作上的路线问题。现在第四点是一个动作的匀度问题，就是在四肢屈伸运动中，身躯、两臂、两腿的等速的运动。拳论所说“以静待动动犹静”，即在动态运动中控制好运动速度不变，就是匀速运动。这是太极拳匀生静、不变应万变的基础功夫。

六、太极拳要练“柔”的功夫，怎样练

太极拳功夫是人类社会生活矛盾斗争的产物，是古人给我们留下的宝贵文化遗产，是武术的瑰宝，是国粹。

太极拳看似具体，其实抽象，是一种特殊的软功，是专门研究省力的学问，是研究以弱小之身战胜强壮之躯的本领。运用到技击上，它反对大力欺小

力，不主张硬拼硬斗的力胜，而强调运用智慧与技巧。人们在斗争实践中产生和创造了小力胜大力、弱胜强、“四两拨千斤”的功夫，这就是以柔克刚的太极拳。在几百年当中，产生了张三丰、王宗岳、陈王廷、陈鑫、杨露禅，近代又有武禹襄、吴鉴泉、杨健侯、杨澄甫、孙禄堂等太极名家妙手和杨禹庭、吴图南等太极高手、健身长寿的典范，他们都是我们求功健身的榜样。太极拳为什么要练“柔”的功夫，一句话，因为能省力、能健身。练功费时费力，但能练出对手抵抗不住的高水平武术武艺来。

通过历代太极拳名家、拳家传承下来的拳谱、拳论，我们可以悟出练功的内容和方法，以及内动外显肢体运动的形态。古典拳谱拳论，由于历史原因和门派之见，以及在拳理、力学认知上的区别，所以语言表述形式不尽相同，大都比较含浑。为了便于传承和练功，根据个人理解总结归纳如下。

一套太极拳架，由师傅一式一式地口传身授。一个拳架、每个式子都要按照身法、步法、手法、眼法（四法）运行，初步形成三维立体空间身肢结构、走螺旋缠丝的运行体制。天天盘架子、推手练功，三年、五年、十年、二十年乃至终生，松柔程度从硬柔逐渐达到僵柔、松柔、轻灵、虚无。学习太极拳的过程，就是由硬到软、由重到轻，最后到空无所有，是以丢掉大力、硬力到学会只用最小的软力的过程。只有逐渐丢掉硬力，柔软的程度才会日渐增加。柔软后的发展方向必然是轻灵虚无。

（一）太极拳练松柔功夫的要点

形成和建立稳定的三维立体空间身肢结构、走螺旋缠丝的运行体制，这是太极拳的基本功，必须养成习惯。这是盘拳、推手的主要运行结构和运动形式，螺旋曲线要比直线抻筋拔骨更易出功夫，这是练太极拳功夫方法步骤的着熟。功夫练到一定纯熟程度以后，自能感觉无招似有招。为了提高基本功的质量，务必做到以下几点：

①遵循身、步、手、眼四法，按规矩练功。腰顶中轴竖起是重中之重。

②腰肌带动四肢屈伸运动，心是主帅（意在先），腰肌是主宰。

③四肢屈伸、偏心旋转、上下相随（分清虚实）要做到内外三合，要完整。

④螺旋缠丝运动是太极拳的主要运动形式，是听劲、懂劲的精微之处。

（二）要用意，意动身随，客观自然

太极拳练功的内容和方法与人的生活习惯相反。要一反常态，“逆向思维”，不要主观，要顺随，客观自然。盘拳练功要坚持松、慢、轻、匀、圆等要点。只有坚持长久练功，养成习惯，才能真正练出太极拳需要的

松柔功夫来。

“松”。盘架子要开展，大松大软，抻筋拔骨，全身大小关节拉长放松。要松得匀、松得完整。

“慢”。慢生松。只有慢，身体才能做到最大限度的抻筋拔骨的放长，生韧劲、弹性劲。

“轻”。用意不用力，客观地说是少用力。只有松和轻才能灵。

“匀”。匀生静，是听劲的基本功。

“圆”。圆是松柔的体现，太极拳四肢屈伸是偏心圆，是太极拳以柔克刚的根源，是偏心力矩、力偶的发生地。

（三）盘拳、推手、散手是太极拳练功的方法步骤

盘拳架是练体，练体的松柔、气的充盈、神的宁静，练出稳定的三维立体空间身肢结构，走螺旋缠丝的运行体制，松柔逐渐进入轻灵虚无的程度，元气得到补充、渐足，掤劲增长，四肢屈伸，偏心旋转，上下相随，八法八劲纯熟。盘架子久了，愈松柔就愈能感到身手沉重。静对动，动急则急应，动缓则缓随。神经触觉反应更加灵敏，具备了“四两拨千斤”能化能发的功能，成为一个四肢屈伸、上下相随、偏心旋转自如的太极球。这时，是盘架子着熟，是文成。推手主要是动中求静，随人而动，锻炼神经反应灵敏，在动中不丢也不顶，避免双重，求得懂劲。懂劲后进入了太极下乘功

夫，是武成。渐入随心所欲，到达有心求柔、无心成刚的刚柔相济的高级神明阶段。

第二节 杨式108式太极拳名称顺序图解

一、关于太极拳四肢屈伸运行的几点说明

①盘拳走架从始至终要思想放松，全身骨节放松。精神要集中。

②太极拳四肢屈伸要注意身法、步法、手法、眼法的有机协调配合。这是立法，要按照偏心旋转、上下相随的机制体制运行。

③四肢屈伸运行要以腰肌为主导。因腰左右随意肌可以随意改变四肢屈伸左右（方位）、进退（距离）、上下（高度）的运动方向。但太极拳的身体重心要偏心旋转走圆道，不可走直线。要避免双腿、双臂同时屈或同时伸的“双重”的病象。

④静态时，全身体重，承重轻的腿为虚，承重重的腿为实。动态时四肢屈伸，两腿、两臂要上下相随的分清虚实。四肢屈伸偏心旋转，同侧下肢伸渐轻为虚时，上肢随之伸下沉为实；当上肢转为上掤屈为虚时，下肢随之转为弓步屈渐重为实。这是四肢上下相随的分清虚实（有时异侧也是同样的道理）。但要求动作一动全动，一停全停，要同步运行，做到“手脚”“肘膝”

"肩胯"的外三合。

⑤上肢在与腿屈伸配合时，起到立体结构支撑、劲的传递和平衡的配重作用，即掤、捋、挤、按、採、挒、肘、靠的八门劲。

⑥盘拳架的运作，当一腿伸，虚到极至，另一腿屈，实到极至，为保持身肢的平衡，必须（然）偏心旋转形成"力偶"向相反的方向发展，或左旋右转，或迈步进退（下一式开始）建立新的太极圈。这样一式连一式，阴阳虚实，循环往复地运行，从起势到收势，就是一趟太极拳套路。

⑦步随身换，注意脚尖与脚跟的虚实转换。进步脚跟先着地，退步脚尖先着地。迈步走弧线，不许直来直去。左旋右转时，一般情况下盘拳架以脚跟为轴转动（推手是以脚尖为轴转动）。

⑧眼是心之苗，意到神到。眼法要求有去有回，左顾右盼，有上有下。四法协调配合时，眼随意行，主要是看前手。

⑨习练太极拳套路，前几年先开展走大架，以后可紧凑走小架。练功夫要量力而行。太极拳套路"先形似，后神似"。太极拳功夫是人体素质的积累、技术素质的积累，逐渐步入太极拳的大门。

⑩一静到动，一动到静，动的过程为太极。要求做到用意不用力。要轻、要慢、要圆活，动作呼吸要匀清。这是太极拳的要求。

二、108式太极拳动作顺序图解

预备式

动作1

面向正南，两脚并齐，两臂自然下垂，中正安舒站立。（图5-1）

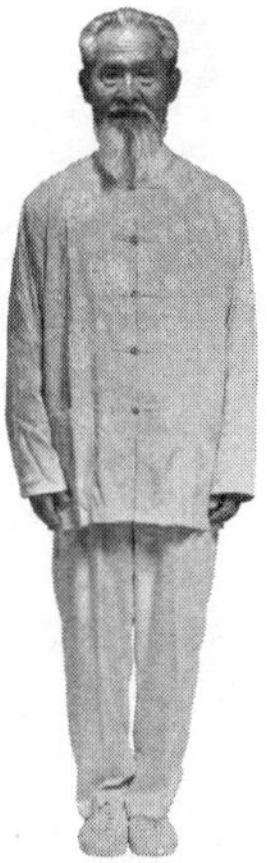

图5-1

动作2

意想重心逐渐移到右腿，左腿渐虚，左脚离地，向左开立一步。

两腿承重相等，意想两脚外侧成一个中心圈，实成一个人体重心圈。身法要求消除杂念，思想专一；头要正，虚领顶劲，舌顶上腭，唇轻闭，齿轻合，下颏内收；沉肩，两臂自然下垂，含胸拔背；裆开，双膝微屈；全身放松，呼吸自然，意存丹田。重点是提顶吊裆，气沉丹田，含胸拔背，沉肩垂肘。平视正南，全身处于静，即无极状态。有言道“松散通空”。诗云“无形无象无纷拏，一片神行至道夸，参透虚无根蒂固，混混沌沌乐无涯”。（图5-2）

图5-2

第一式 起势

动作1

图5-3

眼下视回收，含胸拔背，两肩、两臂微向前合；两臂各自向内侧旋转，两掌心同时向外翻转；目视两小指相对指向两脚中间；两腿伸直，一身备五弓为合。（图5-3）

动作2

目视两掌心分别向内翻转相对；两腿微屈，带动两臂上行至肩平，与两肩同宽，平视正南，为开。（图5-4）

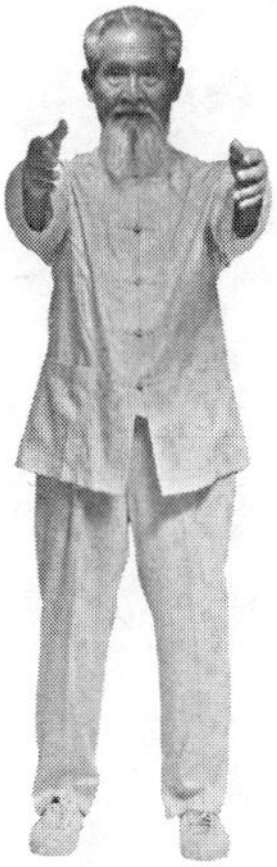

图5-4

图5-5

动作3

意想以肘为轴，两前臂上行弯曲；目视两大拇指回收到鼻尖前为合。（图5-5）

图5-6

动作4

接上动。两掌心向外翻转，腰背后撑圆，目视两掌前推，前臂伸直，与肩同宽，为开。（图5-6）

第二式　海底针

动作1

抽右胯左转腰，重心逐渐移到右腿，成右腿屈为实，左腿伸为虚；目视两手下行回收至两胯外侧，转头面向东南，为合。（图5-7）

图5-7

动作2

重心移到右腿，迈左腿向东南上步落地；右转腰，带动右臂上浮，左臂下沉；目视东南成左弓步，为开。此为海底针。（图5–8）

图5–8

第三式 揽雀尾

动作1 右掤

意想，抽左胯，右转腰，左腿实，右腿虚；视线转向正西，左脚尖、右脚尖先后随之转向正西；右臂同时成弓，左臂下沉，两腿逐渐成右弓步的同时，两臂转向正西前伸，右臂上左臂下，两掌心相对成抱球状，此为右掤。（图5–9、图5–10）

图5-9

图5-10

动作2　左挪

意想，抽右胯，左转腰；至正南时，左臂成弓，右脚尖和右臂同时转向正南；右手翻掌，掌心向后，左脚跟起随之旋转，脚尖朝南，左手心随之上翻，向后与右手并齐上举；腰背后撑，重心后移，左腿后退半步，形成两脚并立，目视正南。此为左挪之势。（图5-11、图5-12）

图5-11

图5-12

动作3　捋

意想，抽左胯，右转腰，重心移至左腿；左脚尖转至正西时，左手掌心贴于右肘下，右腿抬起，向右移动半步落下，目视前手右弓步，两臂前伸，而后重心后移，两臂回收下沉渐实。此为捋式。（图5-13、图5-14）

图5-13

图5-14

动作4 挤

重心移至后腿，右手掌与前脚上下相对时，左转腰，下视左手搭在右手腕部，面向西南；右转腰，抬起右腿，转向西北落地，弓步前视（图5-15～图5-17）；而后重心后移至左腿，左转腰，左顾正西，右转腰，右盼正北（图5-18、图5-19）；左转腰回正中，目视正北（图5-20）；中心后移，两臂下沉翻掌，掌心相接回到胸前；前脚尖翘起，目视前脚，为合。（图5-21）

图5-15

图5-16

图5-17

图5-18

图5-19

图5-20

图5-21

图5-22

重心前移成右弓步，背往后撑；两臂成弓前推，目视西北。此为挤式。（图5-22）

动作5　按

接上动。右盼正北，左顾正西（图5-23、图5-24）；回正中，目视两手分开，掌心向上，目视西北（图5-25）；随重心后移两臂下沉，目视前腿，伸脚尖翘起为合。（图5-26）

图5-23

图5-24

图5-25

图5-26

两手回到腰际两侧，由下而上至腋下缠丝向前，随右弓步两手心相对，立掌前推成按手，为开。（图5-27）

图5-27

动作6 捋

接上动。意想，右臂在前左臂在后，掌心相对前伸上举，而后随重心后移；目视上肢下沉成捋式。（图5-28、图5-29）

图5-28

图5-29

动作7 挤

接上动。抽右胯，左转腰，下视前手；上下肢对准右脚尖转向正西，继续左转腰，重心逐渐移至右腿，面向西南（图5–30）；右转腰，面向西北抬头（图5–31）；左脚抬起，向前迈半步落下，与右脚成开立步，身形转向正西；两臂移至胸前，两掌相接为合（图5–32）；背后撑前为挤式。（图5–33）

图5–30

图5–31

图5-32

图5-33

第四式　单鞭

动作1

意想，抽右胯，左转腰，右脚尖转向正南，眼神由正南下视回收，重心移到后腿，两臂随之回收下沉；右转腰，面向西南，两臂平伸，左前臂在右臂内侧，两掌心向下；左转腰，面向正南，右脚回收半步，右脚尖转向东南，右前臂回收，五指尖并拢成钩并下垂，左手由内向上穿掌，右臂成弓为合。（图5-34～图5-36）

图5-34

图5-35

图5-36

动作2

接上动。此时重心移至右腿，左转腰，目视左手至东南；迈左步向东落地，开裆、圆裆，成弓步一沉，面向东南，目视左手立掌正东为开。此为单鞭。（图5-37）

图5-37

第五式　提手上势

动作1

意想，抽左胯，右转腰，左实右虚，两臂手心向下往两侧伸展，左脚尖转向正南偏西，重心后移，目视右脚尖翘起，两臂在两侧下沉，掌心向下后为合。（图5–38）

图5–38

动作2

图5–39

重心移到左腿，两掌心上翻的同时，右腿抬起，左转腰至正南落地，右弓步；两臂前伸，掌心相对，上肢右上左下往下一沉，目视正南为开为提手上势。（图5–39）

第六式　海底针

动作1

接上动。下捋，重心移到左腿的同时，左手心搭在右前臂之下，两臂下沉，右手与右脚上下相对；左转腰，右脚尖转向正东，重心逐渐移至右腿，右手心转向上，与左前臂相搭的同时，左脚尖转向正东，左脚向前迈出一步（图5–40）；两臂前伸成左弓步（图5–41、图5–42）；左转腰，重心后移，随之划弧，两臂回收到腹前为合。（图5–43）

图5–40

图5–41

图5-42

图5-43

动作2

左弓步，开裆，圆裆；两臂随之前伸成海底针，为开。（图5-44）

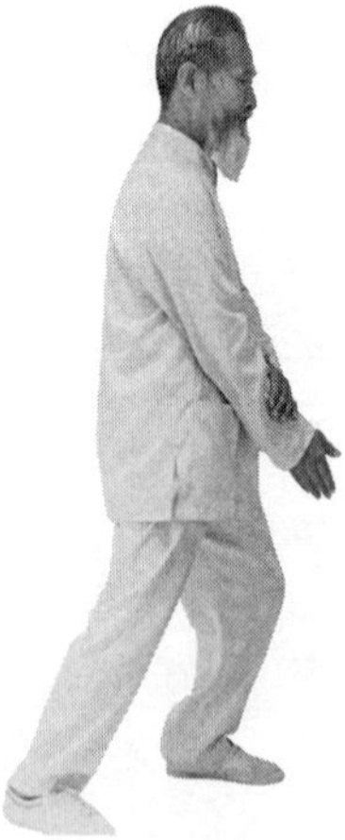

图5-44

第七式 白鹤亮翅

动作1

意想，抽左胯，左转腰，下视右手转向东北；重心前移，右脚向前移动半步，重心后移，面向正东，左脚调整；左手下沉，右手同时上举。（图5–45）

图5–45

图5–46

动作2

视右手上举向东南，掌心转向东北，左臂向左下方下沉，掌心朝外，背撑圆；重心全移至右腿，调整左腿落地，平视正东为开。此为白鹤亮翅。（图5–46）

第八式　左搂膝拗步

动作1

接上动。抽右胯，左转腰，面向东北，右屈左伸，重心在右腿，两臂上下相随；抽左胯，右转腰，上肢左屈右伸，重心移至左腿，左脚尖、右脚尖依次转向东南，左臂屈上举，右臂伸下沉，目视左手，面向东南；抽右胯，重心移至右腿，左腿伸下沉，目视右臂，屈上举时手心上翻，目视正东为合。（图5–47）

图5–47

动作2

出左腿，向前偏北进一步落地，重心渐移时左手搂膝左顾（东北），右盼（东南），左弓步（切搓按），目视左手正东，异侧上下相随，此时开为左搂膝拗步。（图5-48～图5-50）

图5-48

图5-49

图5-50

第九式　手挥琵琶

接上动。意想，重心前移，右臂前伸，右腿进半步，重心从右脚尖移到脚跟，左脚抬起；两臂、掌心相对，左臂上浮，右臂下沉，左脚跟落地，合开一瞬间为手挥琵琶。（图5-51、图5-52）

图5-51

图5-52

第十式　左右搂膝拗步

左搂膝拗步：

意想，右转腰，左脚尖转向东南，左臂下沉、右臂上举时，手心向上一翻，视线从东南转向正东，出左腿向左前迈出一步，脚跟落地；左转腰，左手搂膝左

顾（东南），右盼西南，视线回正中成左弓步（切搓按）。此为左搂膝拗步。（图5-53～图5-56）

图5-53

图5-54

图5-55

图5-56

右搂膝拗步：

意想，左转腰，重心前移，左脚尖转向东北，右臂下沉，左臂上举，目视左手，手心上翻转向正东，抬右腿，向右前迈出一步，脚跟落地；右转腰，右手搂膝右盼（东南），左顾（东北），回正中成右弓步（切搓按）。此为右搂膝拗步。（图5-57～图5-60）

图5-57

图5-58

图5-59

图5-60

左搂膝拗步：

意想，右转腰，重心前移，右脚尖转向东南，左臂下沉，右臂上举，目视右手，手心向上翻转向正东，迈左腿，向前进一步，脚跟落地；左转腰，左手搂膝左顾（东南）、右盼（西南），回正中成左弓步（切搓按）。此为左搂膝拗步。（图5-61～图5-64）

图5-61

图5-62

图5-63

图5-64

第十一式 手挥琵琶

与第九式“手挥琵琶”相同。文略。（图5-65、图5-66）

图5-65

图5-66

第十二式 左搂膝拗步

与第十式“左搂膝拗步”相同。文略。（图5-67～图5-70）

图5-67

图5-68

图5-69

图5-70

第十三式　搬拦捶

动作1　过渡式

左转腰，重心后移，左脚尖转向东北，重心前移至左腿，目视两臂下沉，左前臂手心贴于右前臂之下，面向东北；右转腰，迈右腿落地，重心移至右腿，脚尖转向东南成弓步，此时左手搭在右前臂之上，右手变拳，手心向上，面向东南，目视东南。（图5–71、图5–72）

图5–71

图5–72

动作2

左腿迈出一步，脚跟正东落地，两前臂移至左膝上方成左弓步；重心后移，左臂在前、右臂在后拉弓，重

心前移，左手搭在右前臂之上，目视右拳，拳眼朝上，成左弓步正东。此为搬拦捶。（图5–73、图5–74）

图5–73

图5–74

第十四式　如封似闭

接上动。意想，左手下行，手心贴于右前臂之下；重心后移，两前臂由上向下，两手立掌向前旋转，目视正东，左弓步而按。此为如封似闭。（图5–75～图5–77）

图5–75

图5-76

图5-77

第十五式 十字手

接上动。抽左胯，右转腰，重心移至左腿，左脚尖转向正南，右腿向西开立一大步，两臂从两侧上举，左腿跟上半步，两臂下沉至腹前；目视正南，身下沉成马步，两臂从两侧回收成十字手上举到胸前。此为十字手。（图5-78、图5-79）

图5-78

图5-79

第十六式 抱虎归山

动作1

意想，抽右胯，重心移至右腿，左腿迈步上前成弓步；左臂随之下沉上举在前，右臂下沉到腹前，两掌心向内，目视正南。（图5-80）

图5-80

动作2

右转腰，左脚尖转向正西偏北，右腿脚尖转向西北，右臂搂膝右盼（正北）、左顾（正西），回正中，左臂在前立掌，右臂下沉，目视西北成右弓步（切搓按）。此为抱虎归山。（图5-81～图5-83）

图5-81

图5-82

图5-83

第十七式　高探马

接上动。重心后移，再成右弓步，重心前移，目视左右臂，掌心相对于胸前；重心后移，目视西北，右臂在前，左臂在后，前后对撑。此为高探马。（图5-84～图5-86）

图5-84

图5-85

图5-86

第十八式 揽雀尾

与第三式“揽雀尾”相同。文略。

第十九式 斜单鞭

动作1

意想，左转腰，右脚尖转向正南，重心移至后腿，目视两臂，随之回收下沉；右转腰，两臂上浮，伸向西南，两掌心朝下平举；左转腰，转向西南，左脚回收半步，右脚尖转向西南，右手五指并拢成钩并下垂，右臂成弓，左手由内向上穿掌。（图5-87～图5-89）

图5-87

图5-88

图5-89

动作2

此时重心移至后腿，左转腰，目视左手正南，迈左脚向东南一步，脚落地，开裆，圆裆成马步一沉，面向东南，目视左手（东南）。此为斜单鞭。（图5-90）

图5-90

第二十式　肘底看捶

动作1

接上动。抽右胯，重心前移，左脚跟前移，重心移至左腿，脚尖转向东南，左臂屈上浮，右臂伸下沉；右腿伸渐虚上步，脚跟落地，脚尖朝向东南，随之左臂沉，右臂上浮。（图5-91、图5-92）

图5-91

图5-92

动作2

抽右胯，左转腰，右脚尖转向正东，重心移至右腿，左臂穿掌上举，右臂手掌变拳落于左肘下方，两臂一沉的同时，抬左腿，目视正东，脚跟落地。此为肘底看捶。（图5-93）

图5-93

第二十一式　倒卷猴

倒卷猴（一）：

意想，右转腰，左右脚尖随之转向东南，目视右手；两臂从左右两侧下沉分开，左手心向外，右手心向内，面向东南。（图5-94）

图5-94

动作1

两手相对从两侧上举过头，成十字手交叉下沉，两手心向内经过胸前，在腹前分开到两侧，手心向上。（图5-95、图5-96）

图5-95

图5-96

动作2

抽右胯，左转腰，重心后移至右腿，脚尖转向东北，左腿随之退一步，脚尖着地；继续左转腰，脚跟落地，左右脚尖随之转向东北，目视左手（左顾），左前臂贴于腹部，掌心朝上，目视右手，右转腰（右盼），目视东南；回正中，左转腰，目视左手，手心向下成马步（切搓踏），目视正东。此为倒卷猴（一）。（图5-97～图5-100）

图5-97

图5-98

图5-99

图5-100

倒卷猴（二）：

动作1

目视左手，两臂从两侧上移过头，手背相对，然后十字交叉下沉，经过胸前、腹前分开到两侧，手心向上。（图5-101、图5-102）

图5-101

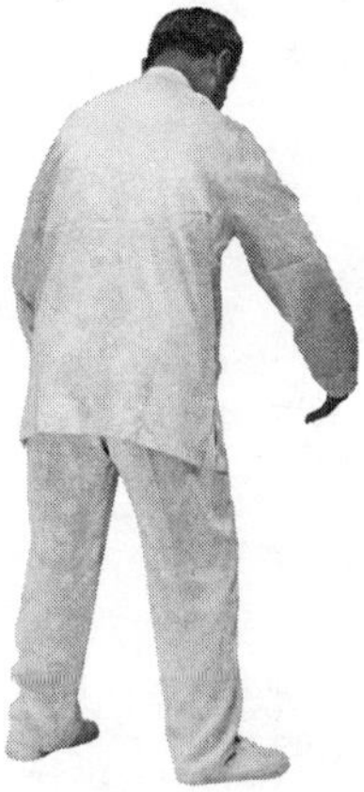

图5-102

动作2

抽左胯，右转腰，重心移至左腿，右脚尖转向东南，右腿随之退一步，脚尖落地，继续右转腰，脚跟落地，左右脚尖转向东南，目视右手，右盼东南；右前臂贴于腹部，手心向上，目视左手，左转腰，左顾东北；回正中，右转腰，目视左手，手心向下成马步（切搓

按），目视正东。此为倒卷猴（二）。（图5-103～图5-106）

图5-103

图5-104

图5-105

图5-106

倒卷猴（三）与倒卷猴（一）相同。文略。

倒卷猴（四）与倒卷猴（二）相同。文略。

倒卷猴（五）图倒卷猴（一）相同。文略。

第二十二式　扑面掌

动作1

意想，看左手，抽左胯，右转腰，左脚尖转向正东，重心后移的同时，右腿伸，脚跟渐虚，左臂向前伸直，右臂屈，右手置于右耳际。（图5-107、图5-108）

图5-107

图5-108

动作2

意想，右弓步，而后右腿变虚，脚跟微起时，右臂向前伸直，左臂屈，左手置于右耳际。此为扑面掌。（图5-109、图5-110）

图5-109

图5-110

第二十三式　提手上势

动作 1

意想，右转腰，抬右腿，转向西南迈出一步成弓步，左臂伸，下沉，目视右手斜上举到西南。此为斜飞势。（图5-111）

图5-111

动作2

意想，抽左胯，右转腰，重心移至左腿，右臂随之向右侧伸，下沉，左脚尖转向正南偏西，目视右脚尖向西南翘起，两掌心朝后；重心继续后移，两臂继续下沉，两手掌在两侧翻掌，掌心向前，平视西南。（图5-112、图5-113）

图5-112

图5-113

第二十四式　海底针

与第六式“海底针”相同。文略。

第二十五式　白鹤亮翅

与第七式“白鹤亮翅”相同。文略。

第二十六式 左搂膝拗步

与第八式“左搂膝拗步”相同。文略。

第二十七式 手挥琵琶

与第九式“手挥琵琶”相同。文略。

第二十八式 左搂膝拗步

与第八式“左搂膝拗步”相同。文略。

第二十九式 海底针

意想，重心前移，右腿跟半步，两前臂下沉相搭，重心后移，抬左腿，前进成弓步，目视正东。此为海底针。（图5–114、图5–115）

图5–114

图5–115

第三十式　闪通臂

动作1

意想，重心前移，两掌上翻并一齐下沉，起身，进左腿成弓步似铲。（图5–116）

图5–116

动作2

意想，抽左胯，右转腰，右腿跟半步，脚尖转向正南，抽右胯，进左腿上步，两臂掌心向上托，面向正南，目视左手。此为闪通臂。（图5–117、图5–118）

图5–117

图5–118

第三十一式　翻身撇身捶

意想，抽左胯，右转腰，左脚尖转向正南偏西，重心后移，左手上举，右臂下沉；迈右腿向右转，脚跟落地的同时，目视右手上举变拳下沉，面向正西。此为翻身撇身捶。（图5–119）

图5–119

第三十二式　搬拦捶

意想，右转腰，重心移至右腿，脚尖朝向西北，两前臂相搭；进左腿，脚落地成弓步，右手握拳，拳眼朝北，置于左膝之上；重心后移，两臂拉弓而后成左弓步，这时左手心搭在右手臂之上，右拳眼朝上，两臂相搓，目视正西。此为搬拦捶。（图5–120～图5–122）

图5–120

图5-121

图5-122

第三十三式 上步揽雀尾

过渡式：

意想，重心前移，左脚尖转向西南，进右腿，脚落地，两臂弓步上举，而后重心后移下捋。（图5-123）

揽雀尾与第三式“揽雀尾”相同。文略。

图5-123

第三十四式 单鞭

与第四式“单鞭”相同。文略。（图5–124 ~ 图5–127）

图5–124

图5–125

图5–126

图5–127

第三十五式 云手

过渡式：

意想，抽右胯，右转腰，左脚尖转向正南，右脚尖随之转向正南，左腿上前跟半步，两脚并齐；左臂在下、右臂在上成抱球，成弓，与后背撑圆，目视正南。（图5–128、图5–129）

图5–128

图5–129

云手（一）

动作1

意想，右转腰，右脚尖、左脚尖依次转向西南，左脚随之跟步并齐，目视西南。（图5–130）

图5-130

动作2

图5-131

抽右胯，右转腰，两臂下沉，两手至两胯旁；左腿退一步成右弓步，目视左臂向前，右臂下沉，平视西南。此为云手（一）。（图5-131）

动作3

抽左胯，回视右手，左转腰，目视正西，左臂在上、右臂在下成弓，与后背撑圆；随之右脚尖转向正南，目视正南。（图5-132、图5-133）

图5-132

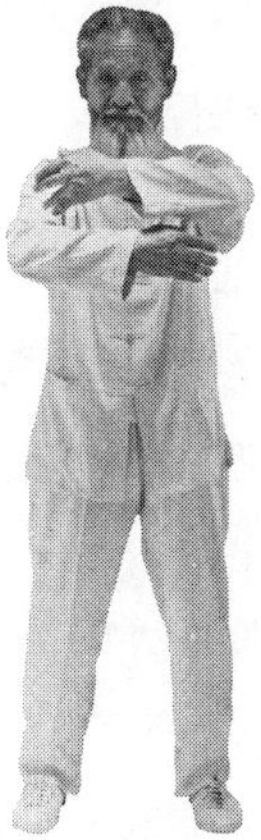
图5-133

动作4

意想，继续左转腰，左右脚尖依次转向东南，两臂下沉在两侧，左弓步，右臂在前，左臂下沉在后，目视东南。（图5-134、图5-135）

图5-134

图5-135

动作5

意想，左臂在下，右臂在上，抱球成弓，与后背成圆，目视东南；右转腰，右脚尖、左脚尖依次转向正南，左脚随之跟步并齐，目视正南。此为云手（一）。（图5-136、图5-137）

图5-136

图5-137

云手（二）与云手（一）相同。文略。

云手（三）与云手（一）相同。文略。

第三十六式　单鞭

与第四式“单鞭”相同。文略。（图5-138、图5-139）

图5–138

图5–139

第三十七式 左右掤手

动作

意想，抽左胯，右转腰，两臂下沉，左前臂下行在左胯前，目视右臂成弓；下肢左屈右伸成左弓步，面向正南，为右掤手；意想，抽右胯，左转腰，右前臂下行在右胯前，目视左臂成弓，下肢右屈左伸，面向正东。此为左掤手。（图5–140、图5–141）

图5–140

图5-141

第三十八式 高探马

意想，重心前移，左臂前伸，掌心向上，右腿向前跟半步，右臂抬到胸前，掌心向下；重心后移，左脚跟抬起，脚尖用力，右掌向前、左掌向后对撑，目视正东。此为高探马。（图5-142、图5-143）

图5-142

图5-143

第三十九式 吐纳功

动作1

意想，两臂成弓，两掌心向内，左掌指与右前臂相接，右旋转，下肢以左脚尖为轴，下肢左屈右伸，目视正南。（图5-144）

图5-144

图5-145

动作2

意想，左转腰，以左脚尖为轴，两臂向左旋转，下肢右屈左伸，目视东北。此为吐纳功。（图5-145）

第四十式 右分脚

意想，左转腰，左脚尖转向东北，两臂上举过头，向两侧分开下沉；下肢重心前移至左腿，两臂成十字手，上举过胸前变拳至左耳际；而后目视右手，两臂分开变掌下沉，同时起右腿，脚面挺直，轻轻抬起与上肢相合。此为右分脚。（图5–146～图5–149）

图5–146

图5–147

图5–148

图5–149

第四十一式　左右掤手

动作1

意想，右脚落地，面向东北，抽右胯，左转腰，两臂下沉，右前臂下行至右胯前，目视左臂成弓，下肢右屈左伸，面向正北。此为左掤手。（图5–150）

图5–150

图5–151

动作2

意想，抽左胯，右转腰，左前臂下行至左胯前，目视右臂成弓，下肢左屈右伸成左弓步，面向正东。此为右掤手。（图5–151）

第四十二式　高探马

意想，重心前移，右臂伸，掌心向上，左腿向前跟半步；左臂抬起到胸前，掌心向下，重心后移，脚尖用力，右脚跟抬起，左掌向前、右掌向后对撑，目视正东。此为高探马。（图5–152～图5–154）

图5–152

图5–153

图5–154

第四十三式 吐纳功

动作1

意想，两臂成弓，两掌心向内，右掌指与左前臂相接，左旋转，右脚尖为轴，下肢右屈左伸，目视正北。（图5–155）

图5–155

图5–156

动作2

意想，右转腰，右脚尖为轴，两臂右旋转，下肢左屈右伸，右脚尖转向东南，目视东南。此为吐纳功。（图5–156）

第四十四式 左分脚

意想，重心前移至右腿，两臂从左右两侧下沉成十字手，上举过头；右转腰，两臂分开下沉，同时左转腰，目视左腿抬起，脚面挺直，与左手上下相合。此为左分脚。（图5–157～图5–159）

图5–157

图5–158

图5–159

第四十五式 转身左蹬脚

意想，左转腰180°，左腿转向身后，左脚落地，右脚尖转向西北，两臂从两侧下沉至腹前成十字手，两手上举过头，重心移至右腿，两臂向两侧分开下沉，左腿抬起，脚尖翘起朝向西南蹬出，与右臂下沉上下相合。此为左蹬脚。（图5–160、图5–161）

图5–160

图5–161

第四十六式 左右搂膝拗步

过渡式：

接上动。左腿在左前下沉落地，左臂下沉，目视右手上举。

左右搂膝拗步：

与第十式“左右搂膝拗步”相同。文略。（图5–162 ~ 图5–173）

左搂膝拗步：

图5–162

图5–163

图5–164

图5–165

右搂膝拗步：

图5-166

图5-167

图5-168

图5-169

左搂膝拗步：

图5-170

图5-171

图5-172

图5-173

第四十七式　进步裁捶

意想，目视右臂上举，掌变拳，右脚尖蹬地，重心前移跟半步；右臂下沉在腹前，两前臂相搭，左腿进一步，重心前移，面向正西，目视右拳下沉。此为进步裁捶。（图5-174、图5-175）

图5-174

图5-175

第四十八式　翻身撇身捶

与第二十一式“翻身撇身捶”相同。文略。（图5-176）

图5-176

第四十九式　搬拦捶

与第三十三式“搬拦捶”相同。文略。（图5-177～图5-179）

图5-177

图5-178

图5-179

第五十式　右蹬脚

意想，左转腰，左脚尖朝向东北，重心前移，变掌，两臂上举过头，从两侧下沉到腹前交叉变拳上举；左转腰，变掌，两臂从两侧分开下沉，目视右腿抬起、脚尖翘起向前蹬出相合。此为右蹬脚。（图5–180、图5–181）

图5–180

图5–181

第五十一式　左披身伏虎

动作1

接上动。右脚回收，落地为实，左腿脚尖点地在右腿内侧，左臂下沉在右腿前，右手掌在左耳际；左转腰，左腿向东北迈出一步，重心逐渐移至左腿成左弓步的同时，目视左手，左右掌心相对，左臂上举，右臂下沉，做左斜飞势的动作。（图5–182、图5–183）

图5—182

图5—183

动作2

意想，右转腰，重心回到正中时，左脚尖内扣，两臂回收变拳，左臂在上，右臂在下，各自成弓与后背撑圆，目视正东。此为左披身伏虎。（图5–184）

图5—184

第五十二式　右披身伏虎

动作1

接上动。意想，重心逐渐移至左腿，左手掌心朝外到左耳际，目视右手下沉到左腿旁；右转腰，右腿向东南迈出一步，面向东北，两掌心相对，左臂下沉，目视右手上举成右弓步，成右斜飞势的动作。（图5–185、图5–186）

图5–185

图5–186

动作2

先左转腰，重心回到正中时，右脚尖内扣，两臂回收，右臂在上，左臂在下，变拳成弓与后背撑圆，目视正东。此为右披身伏虎。（图5–187）

图5–187

第五十三式 右蹬脚

意想，重心移至左腿，右腿回收，两脚并齐，两臂上举下沉回到两侧；左转腰，两臂上举成十字手变拳到眼前，面向东北；左脚迈出一步成左弓步的同时，左转腰后右转腰，两臂上举变掌下沉与抬起的右脚尖翘起、目视右脚前蹬相合。此为右蹬脚。（图5-188～图5-190）

图5-188

图5-189

图5-190

第五十四式　白猿献果

接上动。右转腰，右脚跟落地，两臂从两侧随右腿下沉，重心后移，两臂旋转从两腋下掌心朝上、随右弓步向前、向上前伸，目视前手正东。此为白猿献果。（图5-191）

图5-191

第五十五式　双峰贯耳

接上动。意想，神回，重心后移，右脚渐虚，目视右脚尖翘起，两臂手心朝上下沉，随下肢右弓步从两侧变拳上举，拳眼向下过头，目视正东。此为双峰贯耳。（图5-192）

图5-192

第五十六式 左蹬脚

意想，右转腰，右脚尖转向东南，重心移至右腿，两臂拳变掌，从两侧下沉成十字手，变拳上举至右耳际；左转腰，左腿回收，面向东北，脚尖翘起，两臂拳变掌，目视左手从两侧分开下沉、左腿抬起蹬脚与左臂上下相合。此为左蹬脚。（图5–193、图5–194）

图5–193

图5–194

第五十七式 转身右蹬脚

过渡式：

接上动。右转腰，左脚落于右脚外侧，两臂上举继续向右旋转，面向东北，右脚尖转向东北的同时，左脚落地，脚尖转向东北，重心移至左腿。此为过渡式。（图5–195、图5–196）

图5-195

图5-196

右蹬脚：

与第五十式“右蹬脚”相同。文略。

第五十八式　搬拦捶

与第十三式“搬拦捶”相同。文略。

第五十九式　如封似闭

与第十四式“如封似闭”相同。文略。

第六十式　十字手

与第十五式“十字手”相同。文略。

第六十一式 抱虎归山

与第十六式“抱虎归山”相同。文略。

第六十二式 高探马

与第十七式“高探马”相同。文略。

第六十三式 揽雀尾

与第十八式“揽雀尾”相同。文略。

第六十四式 斜单鞭

与第十九式“斜单鞭”相同。文略。

第六十五式 野马分鬃

野马分鬃（一）：

动作1

意想，抽左胯，右转腰，重心移至左腿，脚尖转向正西，左臂屈上举，掌心朝外贴于右耳旁，右臂下沉伸，掌心朝南于左膝旁，右腿同时回收，脚尖朝下在左腿内侧，目视正西。（图5-197）

图5-197

动作2

右腿向西北迈出一步落地，脚尖转向正西偏南，左转腰，重心移至右腿的同时，目视左手，左臂伸斜向下沉，掌心向下，右臂屈斜向上举，掌心向上，面向正南。此为野马分鬃（一）。（图5-198）

图5-198

野马分鬃（二）：

动作1

意想，右转腰，右臂屈掌心朝外贴于左耳旁，目视左臂伸，掌心向外，随腰向右、向上顺时针旋转，右脚尖随之转向西北；左臂继续向右，由上向下旋转，掌心向上翻转，同时腰带动左腿抬起回收，脚尖向下在右腿外侧，目视正西。（图5-199、图5-200）

图5-199

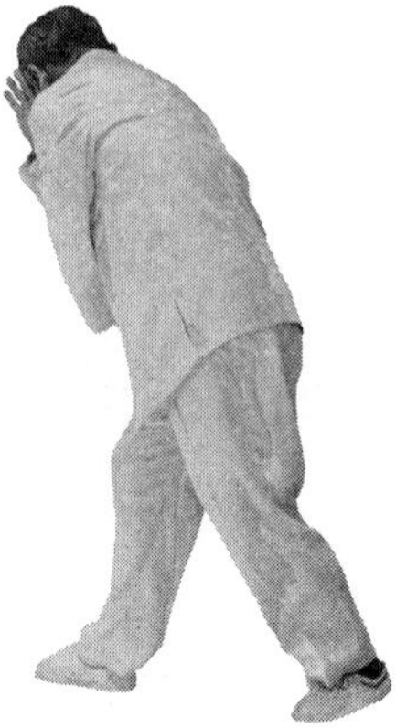

图5-200

动作2

意想，左腿向西南迈出一步落地，脚尖正西偏北，右转腰，重心移至左腿的同时，左臂屈斜向上举，目视右臂伸并斜向下沉，面向正北。此为野马分鬃（二）。（图5-201）

图5-201

野马分鬃（三）：

动作1

意想，左转腰，左臂屈，掌心朝外贴于右耳旁，目视右臂伸，掌心向外，随腰向左、向上逆时针旋转，左脚尖随之转向西南；右臂继续向左，由上转向下旋转，掌心向上翻转，同时腰带右腿抬起回收，脚尖向下在左腿外侧，目视正西。（图5-202、图5-203）

图5-202

图5-203

动作2

意想，右腿向西北迈出一步落地，脚尖正西偏南，左转腰，重心移至左腿的同时，右臂屈斜向上举，目视左臂伸斜向下沉，面向正南。此为野马分鬃（三）。（图5-204）

图5－204

野马分鬃（四）与野马分鬃（二）相同，面向北。文略。

野马分鬃（五）与野马分鬃（三）相同，面向南。文略。

野马分鬃（六）与野马分鬃（二）相同，面向北。文略。

野马分鬃（七）与野马分鬃（三）相同，面向南。文略。

第六十六式 揽雀尾

与第三式“揽雀尾”相同。文略。（图5-205）

图5-205

第六十七式　单鞭

与第四式“单鞭”相同。文略。（图5-206）

图5-206

第六十八式　玉女穿梭

过渡式：

接上动。意想，右转腰，重心移至左腿，两臂在左右两侧伸展，右脚尖转向正西，右腿抬起，移至左脚西北一步落下，脚尖向西偏南的同时，左掌心贴于右肘前，弓步前伸，重心后移，两臂下沉回收成捋式。（图5-207 ~ 图5-209）

图5-207

图5-208

图5-209

动作 1

两臂成双掤手，随右弓步向前；左转腰，左腿向西南迈出一步落地成左弓步再回收；右转腰，重心后移，两臂下沉，左转腰成左弓步的同时，左臂成左掤手上举过头，目视右手下沉，随左臂立掌目视西南成按手。此为玉女穿梭（一）。（图5-210 ~ 图5-212）

图5-210

图5-211

图5-212

动作2

意想，两臂回收成双掤手，右转腰，右脚尖转向正北，右腿后退一步，以脚尖为轴继续右转，脚跟落地，脚尖朝向正东，左脚尖转向东南，右脚向东南迈出一步成右弓步；重心后移，两臂下沉回收；同时，右臂成掤手上举过头，目视左臂，立掌下沉前推，目视东南成按手。此为玉女穿梭（二）。（图5–213、图5–214）

图5–213

图5–214

动作3

接上动。意想，重心后移，两臂回收成双掤手，左转腰，右腿抬起，右脚向东迈出一步落地，脚尖正东偏北成弓步；继续左转腰，面向东北，左腿迈出一步落地成弓步；重心后移，右转腰，两臂下沉，左转腰；同时，左臂成左掤手上举过头，目视右手立掌，目视东北前推成按手。此为玉女穿梭（三）。（图5-215～图5-218）

图5-215

图5-216

图5-217

图5-218

动作4

接上动。意想，两臂回收成双掤手，右转腰，左脚尖转向正南，右腿向右后退一步，左脚尖转向正西偏北，右腿向西北迈出一步，落地成弓步；重心后移，两臂回收下沉；左转腰；同时，右臂成弓上举过头，目视左手立掌，目视西北前推成按手。此为玉女穿梭（四）。（图5–219～图5–221）

图5–219

图5–220

图5–221

第六十九式 揽雀尾

与第三式“揽雀尾”相同。文略。（图5-222）

图5-222

第七十式 单鞭

与第四式“单鞭”相同。文略。

第七十一式 云手

与第三十五式“云手”相同。文略。

第七十二式 单鞭

与第三十六式“单鞭”相同。文略。

第七十三式 右下势

接上动。意想，右转腰，左脚尖、右脚尖逐一转向正西，重心前移成右弓步；同时，两臂随之，目视前手上举旋转下沉；左转腰，右脚尖、左脚尖逐一转向正东，重心前移成左弓步，两臂随之下沉回转，目视左臂，由下往上立掌上举，右臂手掌成钩在后。此为右下势。（图5-223～图5-225）

图5-223

图5-224

图5-225

第七十四式 金鸡独立

接上动。意想，重心前移，右臂前送，穿掌上举，左臂下沉伸；同时，重心移至左腿，右腿提膝抬起，脚尖向下，目视正东。此为金鸡独立。（图5–226）

图5–226

第七十五式 下势

图5–227

接上动。意想，左转腰，右脚尖向北落地，左脚尖转向正西成左弓步，右臂下沉，右腿后退一步，右转腰，左脚尖、右脚尖逐一转向正东，右臂手立掌上举，左臂手掌成钩下沉在后。此为左下势。（图5–227）

第七十六式　金鸡独立

图5-228

接上动。意想，重心前移，左臂前送，立掌上举，右臂下沉伸；同时，左腿提膝抬起，脚尖向下，目视正东。此为金鸡独立。（图5-228）

第七十七式　倒卷猴

与第二十一式“倒卷猴”相同。文略。（图5-229）

图5-229

第七十八式　扑面掌

与第二十二式“扑面掌”相同。文略。

第七十九式　提手上势

与第二十三式“提手上势”相同。文略。

第八十式　海底针

与第二十六式“海底针”相同。文略。

第八十一式 白鹤亮翅

与第七式“白鹤亮翅”相同。文略。

第八十二式 左搂膝拗步

与第八式“左搂膝拗步”相同。文略。

第八十三式 手挥琵琶

与第九式“手挥琵琶”相同。文略。

第八十四式 左搂膝拗步

与第八式“左搂膝拗步”相同。文略。

第八十五式 海底针

与第二十九式“海底针”相同。文略。

第八十六式 闪通臂

与第三十式“闪通臂”相同。文略。

第八十七式 翻身撇身捶

与第三十一式“翻身撇身捶”相同。文略。

第八十八式 搬拦捶

与第三十二式“搬拦捶”相同。文略。

第八十九式 上步揽雀尾

与第三十三式“上步揽雀尾”相同。文略。

第九十式 单鞭

与第四式“单鞭”相同。文略。

第九十一式 云手

与第三十五式“云手”相同。文略。

第九十二式 单鞭

与第四式“单鞭”相同。文略。（图5-230、图5-231）

图5-230

图5-231

第九十三式　高探马

与第三十八式高探马相同。文略。（图5–232、图5–233）

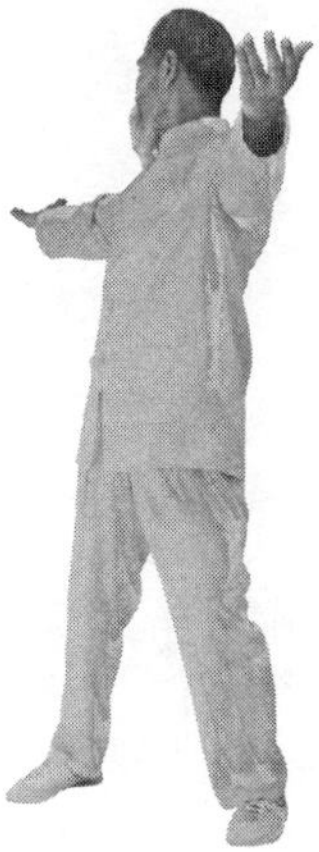

图5–232

图5–233

第九十四式　白蛇吐信

接上动。意想，右转腰，左右脚尖逐一转向西南，左腿向西南迈出一步，两臂掌心朝上，右手心贴于左肘前成弓步，目视前手向前、向上伸出。此为白蛇吐信。（图5–234）

图5–234

第九十五式　转身十字蹬脚

接上动。右转腰，左脚尖转向正西，两臂成十字手下沉然后上举变拳，左转腰，右腿回收抬起，右转腰，右脚尖翘起蹬脚与两臂分开、目视右手下沉变掌相合，面向正西。此为转身十字蹬脚。（图5-235）

图5-235

第九十六式　指裆捶

图5-236

接上动。意想，右脚在右前方落地，重心前移，迈左腿向前一步，两臂下沉，左手搁在右手腕部，目视右手变拳。（图5-236）

第九十七式　揽雀尾

与第三式“揽雀尾”相同。文略。（图5–237）

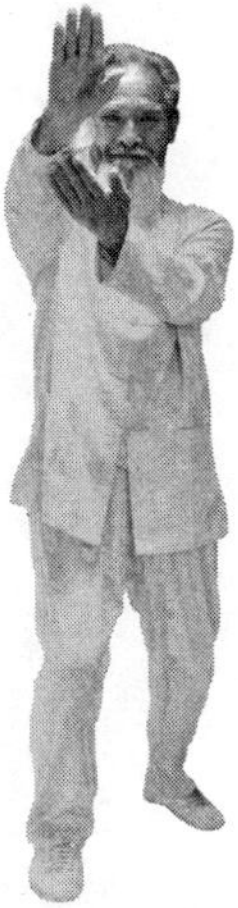

图5–237

第九十八式　单鞭

与第四式“单鞭”相同。文略。（图5–238）

图5–238

第九十九式 下势

与第七十五式“下势”相同。文略。（图5–239、图5–240）

图5–239

图5–240

第一百式 上步七星

接上动。左脚尖转向东北，重心前移前举，两手变拳搭在胸前，右脚向前迈出一步，脚跟落地，背向后撑，两臂上举，面向正东下视。此为上步七星。（图5–241、图5–242）

图5–241

图5-242

第一百零一式　退步跨虎

接上动。意想，两臂下沉变掌，目视右手（与第二十五式“白鹤亮翅”相同）。文略。（图5-243、图5-244）

图5-243

图5-244

第一百零二式　白蛇吐信

意想，右转腰，左脚尖、右脚尖逐一转向西北，右掌贴于左肘前（与第九十四式“白蛇吐信”相同）。文略。（图5–245、图5–246）

图5–245

图5–246

第一百零三式　双摆莲

右转腰，左脚尖转向正东，目视两臂，旋转至正东伸直下沉，与右腿向上摆腿相合。此为双摆莲。（图5–247）

图5–247

第一百零四式 弯弓射虎

接上动。意想，左转腰，右脚落地，左臂变拳成弓，右掌变拳，拳眼朝外，重心移至右腿，左脚尖点地背撑圆，目视正北成拉弓式。此为弯弓射虎。（图5-248）

图5-248

第一百零五式 搬拦捶

与第十三式“搬拦捶”相同。文略。（图5-249～图5-253）

图5-249

图5-250

图5-251

图5-252

图5-253

第一百零六式 如封似闭

与第十四式“如封似闭”相同。文略。（图5-254～图5-256）

图5-254

图5-255

图5-256

第一百零七式　十字手

与第十五式“十字手”相同。文略。（图5-257、图5-258）

图5-257

图5-258

第一百零八式　收势

接上动。意想，两腿伸直，两臂分开下沉，再从两侧上举过头，而后两臂交叉下沉到腹前，手指相对三环套月，气沉丹田，两腿回收并齐，两臂回收到两侧，目视正南。此为收势。（图5-259～图5-261）

图5-259

图5-260

图5-261

第六章　太极拳推手

推手诀：

推手本是知人功，
着熟懂劲一脉成。
听劲懂劲推手练，
开合蓄发互为根。

摘要：

双人对练，主要运用三维立体身肢结构走螺旋缠丝的运行机制、体制训练听劲和懂劲，关键是克服双重。懂劲后主要练习化、引、拿、发的技巧功夫。

解读：

盘架子是立法，是知己功夫，是熟练养成训练；推手是知人功夫，是执法应用训练。这是练功的二个阶段，是一脉相承的。双人推手是应用盘架子建立的三维立体身肢结构走螺旋缠丝运行机制、体制，粘连黏随，不丢不顶，虚实开合，锻炼听劲和懂劲。通过套路和无定式双人推手，互相推挽和缠绕，锤炼遍体的松柔、内劲的虚实、触觉的灵敏、全身的完整，学练和提高化、引、拿、发的技巧。二者的区别在于，盘拳架时动力是内力引起外力运动，推手时是外力引起内力的运动，但都是内外一致的运动。推手时主要是在外力的推动下被动顺随，听对方的劲，借力，外力引起内力（抵消、消化外力的作用）偏心旋转，上下相随，克服“双重”，自然产生“四两拨千斤”的功能。

第一节　推手套路

功法诀：

推手套路师父授，
彼开我合柔而刚，
彼合我开刚而柔，
粘连黏随不丢顶。

摘要：

套路推手，分定步、活步；单搭手、双搭手。推手主要训练“粘连黏随”，克服“顶匾丢抗”四病，锻炼触觉的灵敏，核心是克服“双重”，练听劲懂劲。

解读：

推手主要是双人对练，是知人功夫。通过编排好的套路，进行开合蓄发的训练，练习听劲和懂劲。套路主要由师父传授，言传身教。推手套路形式很多，但主要有以下几种：套路分定步、活步；分单搭手、双搭手。双搭手主要是四正定步推手、四隅活步推手以及三步、五步、大捋、仙人换影等活步推手；双人单搭手、单操手、十三势、五脖等；单人器械：刀、枪、棍、棒，但主要是“四正、四隅”推手。训练粘、连、黏、随，克服“顶、匾、丢、抗”四病，锻炼触觉的灵敏，核心是克服“双重”，锤炼产生以柔克刚、四两拨千斤的功夫。

一、“四正”推手套路

双方相对合步站位，搭手。

双方应用力学原理，四肢屈伸。偏心旋转，上下相随，内部产生力矩力偶的机制，外部形成三维立体结构走螺旋缠丝的体制运行。彼掤我捋，我捋彼挤，彼挤我按，我按彼掤、即彼开我合，我合彼开循环往复交替的运作，粘、连、黏、随，避免“顶匾丢抗”四病，训练听劲和懂劲，是克服“双重”的基本功夫。在掤、捋、挤、按四正手的运动中充分体现“周易”的理念。双方始终保持各自的重心，在自己的重心圈内，做到上下相随外三合的时空的统一、左旋右转时阴阳对立的统一和身肢杠杆的平衡，进一步体现了拳论“掤捋挤按须认真，上下相随人难进”的道理。

什么是掤、捋、挤、按“四正手”？什么是採、挒、肘、靠“四隅手”？

经多年盘拳、推手的锤炼，抻筋拔骨使身肢得到了放长，大松大柔，身肢自然产生一种韧性和弹性的劲。

在四肢屈伸、偏心旋转、上下相随的运动中，形成内隐偏心力矩、力偶；外显三维立体空间身肢结构走螺旋缠丝的运动形体，是一个运动中的旋转的球体。这个球体在腰肌的带动下，身肢有时向左逆时针旋转，有时是向右顺时针旋转。

腰顶中轴两侧上下肢在腰肌主宰带动下伸和屈上下相随，同步运行。向左侧逆时针旋转时，抽右胯，左侧上下肢伸，向左、向下、向后是逆缠丝，是虚，是合，是向心力；右侧上下肢屈，向左、向上、向前是顺缠丝，是实，是开，是离心力。向右侧顺时针旋转时，抽左胯，右侧上下肢伸，是向右、向下、向后是逆缠丝，是虚，是合，是向心力；左侧上下肢屈，是向右、向上、向前，是顺缠丝，是实，是开，是离心力。这样就形成了以腰肌为中心的旋转的圆球，身肢有一种螺旋缠丝型的由内向外的一种左右、上下、前后对称的支撑劲，是由腰肌传递上来的运动着的螺旋缠丝支撑整劲，这种劲就是太极拳的掤劲，也就是太极拳功夫的内劲。

“四正手”是揽雀尾用掤、捋、挤、按四种手法正面化、引、拿、发，发放对方。

“四正手”是引之使进，向外在两臂有掤劲；向内在手心有捋劲；双合在手背有挤劲；向下在腰功有按劲。

二、“四隅”推手套路

四隅手是指在“四正手”出现背势时或在我左前或右前手出圈（指全身重心出了重心圈）时，进步用肘，肘在屈使；肘出圈（指全身重心出了重心圈）时，进步用靠，靠在肩胸；在我被对方压扁（全身重心出了重心圈）、向我左后或右后退步时，应用採挒的手法，採在十指，挒在两肱。四隅手是四个斜角，化、引、拿、发，发放对方。这是四正手出现背势时的补救手法。四隅手是以四正手为主的辅助手法，共称八门劲。

第二节　无定式推手

双人定步四正推手；四隅和三步、五步、仙人换影等活步推手，以及单操手都是初级技术、战术训练。无定式双人推手是较高级的技术、战术应用训练，是四正、四隅的应用，也是散手的基础训练。核心是听劲和懂劲，即克服双重的核心技术训练。

第三节　单操手的强化训练

进步、退步：练的是脚尖、脚跟虚实变化的柔化刚发的步法。

五脖：练的是以五脖为主的肢体大小关节的活动幅度。

十三势：练的是掤、捋、挤、按、採、挒、肘、靠八门劲的动作要领。

走八字：练的是左旋右转意动身随的心法。

五宫步：练的是闪、展、腾、挪，身、步、手、眼四法的协调配合。

梅花桩：练的是迈步如猫行，上下相随四法协调配合轻灵的运行，重点是速度和平衡。

第四节　推手核心技术

核心诀：

顶匾丢抗行不通，
双重未化是大病。
单轻则通克双重，
练功核心内中藏。

摘要：

推手应粘连黏随。顶匾丢抗是四病，是虚实不分，走得不圆，有棱角。双重是太极拳的大病，证明你还没有进入太极拳的大门。只有运用三维立体身肢结构走螺旋缠丝的运行机制、体制克服双重，才是解决问题的核心。

一、什么是双重

1. 双重是指盘拳、推手、散手时，双足不分虚实，双手不分虚实，一手一足上下不分虚实，肢体外部形态形成不了球体，所以滞重不灵活。是以双重为病。

2. 双方搭手搏击。双方拼力（拙力）相持或进或退，在一条直线上对抗的力，便是“双重”。这只是肢体外部的拙力，力大者胜。

二、初中《公式定理大全》中的力学定理

力的三要素：力的大小、方向、作用点统称为力的三要素。

力的图示：用带箭头的线段表示力，线段按一定比例（标度）画出。它的长短表示力的大小，它的指向表示力的方向，箭尾（或箭头）表示力的作用点。这种表示力的方法，叫作力的图示。

力的合成：求几个力的合力的过程称为力的合成。

求两个力的合力叫作二力的合成，是最简单、最基本的力的合成。

同一直线上二力的合成。

同一直线上二力的合成可以分为两种情况。

①两个力方向相同：合力的大小等于两力大小之和，方向与两个力方向相同。

②两个力方向相反：合力的大小等于两个力大小之差的绝对值，方向与较大力方向相同。

就太极拳而言，双方推手搏击，两个力在同一直线上，方向相反，两力相等时，相持（图6–1）；或甲力小乙力大，乙进甲退（图6–2）；或甲力大乙力小，甲进乙退（图6–3）。

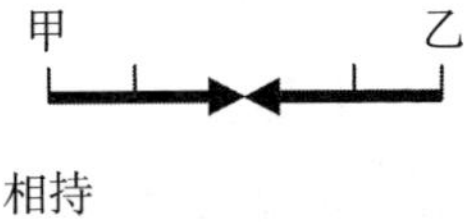

图6–1

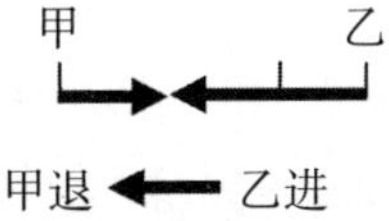

图6–2

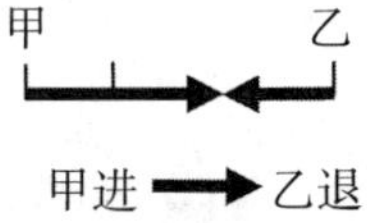

图6–3

三、怎样避免双重

怎样避免“双重”，是太极拳功夫的核心问题，是听劲懂劲的中心环节。

当对方进击时，我用意顺随柔化，在三维立体身肢结构走螺旋缠丝运行的过程中，做到粘连黏随。就是说在对方进击时，我以静待动，用意顺随缠丝入扣，但要听准对方劲的旋转方向，比对方要松、要慢、要轻、用意，一点力也不能出，合上对方速度，要软着陆，像螺丝螺母一样入扣为粘。腰顶中轴四肢伸的一侧，这时最容易产生顶或力小被对方压扁的毛病。腰顶中轴四肢屈的一侧，当对方退时要连随。最容易犯丢，离开或比对方快、抗对方的毛病。在接手缠丝入扣以后，抽胯，四肢屈伸，偏心旋转，上下相随，产生偏心力矩、力偶。由于产生矢量夹角，对方被我引进落空，我顺人背谓之黏。就是在接手和接手以后，四肢伸屈要不快也不慢地合上对方的进击速度，在三维立体身肢结构走螺旋缠丝的过程中做到粘连黏随。在克服顶匾丢抗四病以后，自然地也就避免了双重之病，而得到懂劲。这就是太极拳功夫的核心。

要想做到粘连黏随，克服顶匾丢抗四病，避免“双重”，在习练太极拳功夫时必须做到以下几点。

①在盘拳、推手四肢屈伸时，做到偏心旋转，四肢上下相随，自然产生内隐偏心力矩、力偶的机制；外显三维立体空间身肢结构走螺旋缠丝的运动体制（太极球）。内隐偏心力矩（杠杆平衡）、力偶（肢体转动）符合物理力学的定理，是形成肢体旋转的太极球，是具有“四两拨千斤”功能的内因。（图6–4）

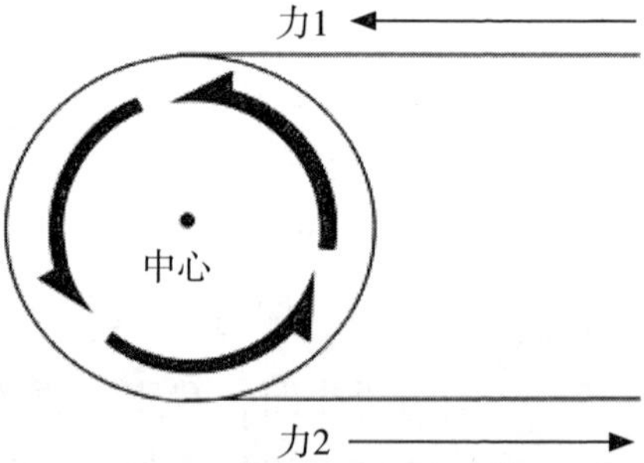

图6–4 力偶

②外显三维立体空间身肢结构走螺旋缠丝的运动体制（太极球），是四肢屈伸偏心旋转、上下相随的外部体现，是产生偏心力矩、

力偶的必要条件，是产生四两拨千斤功能的外因。当右手伸下沉为实时，右腿必虚；右手转屈为虚时，右腿必虚转为弓步为实。这上下相随的分清虚实，必须养成习惯。

③四肢屈伸时，偏心旋转做到上下相随，是太极功夫的难点。说得容易做到难。要把偏心力矩、力偶的作用印在脑子里，用意被动顺遂要锤炼在身上，练功都是为了闯过双重这重要一关。

拳论要求“腰为主宰”，姿势上要做到手脚、肘膝、肩胯外三合；时间上要求 “一动全动，一停全停”，四肢同步运行。所以在推手搏击时做到上下相随，就有更高的要求。接手要用意不出力，要被动顺遂，身肢要松要轻，听劲灵敏，不允许顶匾丢抗，避免与对方拼力。

④推手搏击中，在外力的推动下，用意不用力、被动顺随，四肢屈伸按上下相随的规矩运行（外因），偏心旋转内部自然产生力偶，使身肢这个杠杆（内因）顺利转动起来的同时就避免了双重，得到懂劲。（图6–5）

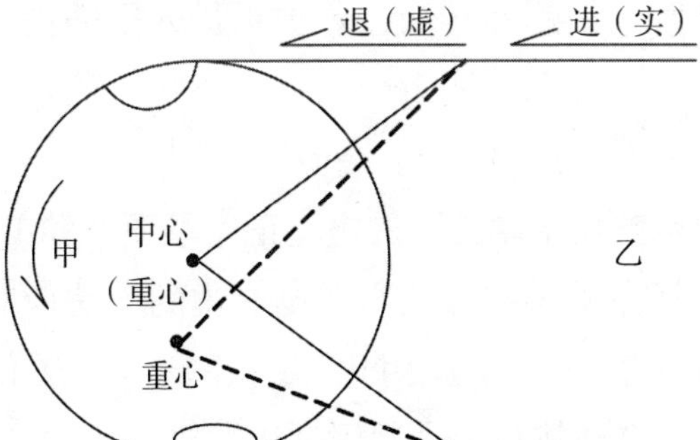

图6–5 力偶应用

第六章 太极拳推手

四、避免双重的具体运作

甲乙双方搭手，乙主动进击（向甲左中右）。

甲以腰顶为中轴，四肢屈伸应对。

乙向甲中轴左侧进击：

甲左重则左虚。抽右胯，左侧上下肢伸，半径变长。右侧上下肢屈，半径变短。重心向右偏逆时针旋转。甲腰顶中轴闪开正中，由于偏心力矩、力偶的作用，甲身肢平衡螺旋转动，乙失重进入甲的圈内，形成以甲为中心彼走外圈，成甲顺乙背的态势，乙跌出（甲避免了双重）。

乙向甲中轴右侧进击：

甲右重则右虚。抽左胯，右侧上下肢伸，半径变长。左侧上下肢屈，半径变短，重心向左偏顺时针旋转。甲腰顶中轴，闪开正中，由于偏心力矩，力偶的作用，甲身肢平衡螺旋转动，乙失重进入甲圈内，形成以甲为中心彼走外圈，成甲顺乙背的态势，乙跌出（甲避免了双重）。

乙向甲腰顶中轴正面进击（正中腰顶中轴）：

甲选择左重则左虚或右重则右虚的方法应对即可，迫使乙处于背势。甲运用化、引、拿、发或化、拿、诈、发的智慧和技巧，最后用沉法发放。

第五节　推手练功重点

太极拳学到听劲懂劲、克服“双重”而入门，这仅仅是学习太极拳功夫的开始。因为四两拨千斤的功夫从低级到高级，是无止境的；听劲和懂劲对人体素质和技术战术要求是通过锻炼逐步提高的。到了入门阶段才能真正体悟到学习锻炼太极拳功夫的重点和刻苦练功的努力方向。到了此阶段应突出以下重点内容学习练功。

一、理论的修养

基础诀：

太极拳谱手中握，
熟读拳谱不迷路，
纠正错误求进步，
夯实基础基本功。

摘要：

《周易》、古典拳谱、拳论都是太极拳的经典著作，是先辈的经验总结，力学基本知识和现代哲学唯物辩证法的认识论和方法论是科学发展的最新成就，学好读懂这些会达到事半功倍的效果，尤其是在到达推手阶段时更显重要。所以我们要不断地学习钻研前人的经验，总结自己的体验，特别要注重太极拳心法原则的训练和把握。太极拳心法就是大脑脊髓即中枢神经系统（用意）有效地控制支配腰骨骼肌为主导（与其他身肢骨骼肌协调配合）在盘拳、推手、搏击中人体四肢屈伸三维立体偏心旋转上下相随的运动，始终保持平衡和不败的心术和方法。

太极拳心法的内容：

太极拳以柔克刚、四两拨千斤的功夫要求：人体一举一动要一反常态逆向思维。要相反相成。

盘拳架时，要轻不要重，要慢不要快，要圆不要直，要匀不要凹凸、断续和缺陷。这是对身体素质和心法很好的锻炼。

推手搏击时要粘连黏随，要避免顶匾丢抗。这些都是在心法指导下进行的。

战术运用时，要化、引、拿、发，内外三合要求非常严谨，四肢屈伸运动速度和肢体在空中运行的位置，对心法都有极高的要求，都要在实践中用心去悟。

太极拳的心法原则：

太极拳四肢屈伸的技法是偏心旋转、上下相随。

心法要统领技法：

①用意不用力，要内带外地运动。

②粘连黏随，要避免顶匾丢抗四病。

③化、引、拿、发要正确运用。

功法的运用：

①产生“力偶”，身肢要处处圆转自如。

②产生“力矩”，要产生动力和迫使对方失去重心。

③松柔技术、战术的应用：动急则急应，动缓则缓随。要无过而不及，避免双重，要实现“四两拨千斤”的效果。

心法训练要过三关：

①用心学习太极拳“四两拨千斤”的理论。

②实践中要过顺随关。

③运动中要过“双重关”。

二、听得清

听劲诀：

彼刚我柔听得见，
重轻方向辨得清。
虚实圆转成自然，
松空虚无难言传。

摘要：

眼观六路，耳听八方。接手后，靠皮肤触觉和内部感觉探测对方劲的动向。用意不出力被动顺随，轻慢软是柔的功夫，是听劲的前提条件。听劲要“一羽不能加，蝇虫不能落”。神经要特别灵敏，要松空虚无，圆转自如。

解读：

不管四面八方都是敌，只要我听劲、懂劲功夫深，心平气和去迎敌。眼观六路，耳听八方，仔细观察，细听声音，心想应敌之策。接手以后，主要靠皮肤触觉和内部感觉探测对方的动向，感而后发。前者主要是耳听目看了解敌情，后者主要是拳论所讲的听劲。拳论说：“所谓听劲，乃是由皮肤的触觉和内部感觉来探测对方劲的大小、长短和动向的意思。”（《太极拳全书》第258页）

双方推手，听劲是侦查敌情，探测对方劲的大小、长短和动向。懂劲是在听劲的基础上化引拿发，用以柔克刚战胜对手。双方推手要遵循粘连黏随、不丢不顶，无过不及、随屈就伸的原则。要求神经、知觉（触觉）要特别灵敏。触觉（神经）灵敏不是人身固有的，是经过长期练功、用功磨练出来的。要特别注意以下五要五不要原则。一是要被动，用意不出力不主动妄动。二是要慢不要快。三是要轻不要重。四是要软不要硬。五是要神经灵敏，要应物自然，不要迟钝。太极拳是以被动、柔化、后发制人为特点的，如果主动妄动或者比对方出手快、重、硬，这都是出力主动行为，就听不到对方劲的动向，反而会被对方所利用，使自己处于被动地位。前边四要是练神的宁静的客观条件。大松大软是练神经灵敏之本。练神的宁静就是在双方搏击中头脑要冷静，走圆、走匀，在动中求静。要听得清、看得清，皮肤触觉和内部感觉神经要特别灵敏。不想着而有着，应物自然。所以在推手或搏击中必须被动顺随，要比对方慢、轻、软，才能合上对方的速度，神经才能灵敏，感知对方劲的大小、长短和动向，给懂劲感而后发奠定良好的基础。

三、粘走得对

懂劲诀：

任他巨力来打我，
三维立体走螺旋。
坚刚尽化无有矣，
化劲极矣为懂劲。

摘要：

运用三维立体身肢结构走螺旋缠丝的运行机制、体制，粘连黏随，克服“顶匾丢抗”四病，走圆、走匀，避免俯仰断续，在避免双重过程中求得懂劲，而后训练化引拿发的技巧功夫。柔化并克服双重是懂劲的前提条件，要下苦功锻炼。

解读：

懂劲是以避免双重为主要标志。但盘拳推手要为听劲懂劲做好身体条件和技术的准备。盘拳是知己功夫，推手是知人功夫。

四肢屈伸，腰顶中轴中正不偏，三维立体身肢结构走螺旋，身肢松柔轻灵，四肢上下相随、内外三合。以上功夫百分之八十是从盘架子过程中得来的。推手时，用意不出力，随人而动，粘连黏随，以不顶、不匾、不丢、不抗为标准，轻灵虚无顺随，避免双重，劲道通畅，听劲懂劲水到渠成。

拳家关于懂劲的论述：

“推手时不仅仅双手粘连黏随，身法、步法也要有粘连黏随之意，不先不后，协同动作。这是动作上做到上下相随、周身一家的表现。形要连，意要连，随人而动而伸缩进退能不丢、不顶、不匾、不抗，这叫做懂劲的功夫。”（《太极拳全书》245页）

“由于粘、走的统一，遂形成阴阳相济，由于粘连黏随，遂得到懂劲功夫。这是由避免双重转而求得懂劲的妙用。”（《太极拳全书》258页）

四、旋转的中轴

中轴诀：

腰顶中轴不能丢，
前俯后仰是大病。
进退返侧是散点，
中正不偏是门轴。

摘要：

腰顶处于身肢中轴的地位，是全身重心所在，对全身起着结构支撑和提领的作用，是杠杆的支点。肢体是杠杆，两腿即是杠杆的一部分，又是腰顶中轴的支架。腰顶是四肢屈伸旋转的中轴。

解读：

拳论说：“腰与脊这两个器官居于人身的中部，它们天然具有中轴的功能。”又说：“太极拳称腰脊为第一主宰。”

太极拳在实际运作中，腰顶上下一条线，支撑全身重量，为重心所在，是肢体杠杆的支点，是肢体旋转的中轴。它的功能和作用是显而易见的。腰顶中轴因四肢屈伸运动是偏心旋转的，重心是变化的散点，所以在盘拳、推手运动中注意克服前俯后仰、凸胯、断续的毛病，养成中正安舒、腰顶中轴中正不偏的习惯。

五、腰肌的主导

主宰诀：

腰顶中轴两个轮，
旋腰转脊腰先动。
一边伸来一边屈，
重心移动偏心摧。

摘要：

腰脊处在人体中心、重心的位置，是人体运动的中轴。大脑中枢神经支配腰骨骼肌收缩的肌张力即腰隙的虚实带动胯的虚实变化，驱动四肢屈伸。腰骨骼肌是三维立体身肢结构走螺旋缠丝的主宰，是全身总虚实的所在，是拳论“源动腰脊”“内动不令人知”的诀窍所在。

解读：

拳论说：“身法虚实的变换，关键在以腰脊命门穴为轴心的左右腰隙（两肾）的抽换；腰隙向左抽则左实而右虚，腰隙向右抽则右实而左虚；以腰脊命门穴为轴的左右两肾抽换（外形是两腰侧的抽换），变换虚实，是全身总虚实的所在，也是‘源动腰脊’‘内动不令人知’的诀窍所在。”（《太极拳全书》241页）

“两腿分清虚实，关键在两胯关节的抽换。两胯关节的抽换，与腰隙的抽换相一致，亦即步法要随身法的变换而变换。”（《太极拳全书》243页）

从学习拳论和练功体验看出腰主宰的主要作用。

①身法虚实的变换，大脑中枢神经支配腰骨骼肌收缩的肌张力是源动力，全身总虚实的所在。

②是“源动腰脊”“内动不令人知”的诀窍所在，是内力引起外力的内带外的运动。推手搏击时，在外力的作用下，用意腰肌先动驱动四肢屈伸，这是外力—源动力—主动力的过程，是外力引起内力的运动。

③两腿分清虚实，关键是两胯关节的抽换与腰隙的抽换相一致。但步法要随身法、手法的变换而变换。这是腰肌带动身肢运动的要求。

腰顶中轴两个轮。上肢惰轮不能出力，只有与下肢协调配合，骨节对准，形成节节贯串即螺旋缠丝劲，最后形于手指，这时上肢才有力，只是一种力的传递、支撑和杠杆配重的作用。下肢是动轮，下肢与地面接触有反作用力。这种力的大小与本身的重量和运动速度有关，重量越重，速度越快，力量越大。

旋腰转脊腰先动，就是中枢神经支配腰骨骼肌收缩的肌张力驱使腰隙的抽换带动两胯关节的抽换，同时带动四肢屈伸旋转。这是意动（想法）带动形动，这是腰肌主宰的体现。静生动，意是主帅，腰肌是身肢行动的主宰。粘着点的变化，意作出判断，指挥腰肌行动，驱动四肢屈伸，带动粘着点的运行。

一边伸来一边屈，重心移动偏心摧。是盘拳推手时，在腰肌的带动下四肢屈伸的运作，是按照三维立体身肢结构走螺旋的运行机制、体制运行。腰顶中轴两侧，一边上下肢伸、另一边上下肢屈是同步进行的，即达到外三合。所以重心移动和支点两端力点的臂长和重量也是同时改变，产生了偏心力矩、力偶。伸的一侧，力臂变长、变轻、下降，是虚、是合，是柔化对方；屈的一侧，力臂变短，变重，上升是实、是开，产生“四两拨千斤”的功能。

抽胯诀：

以柔迎刚想腰动，
抽胯四肢骨对准。
节节贯串螺旋转，
处处相合身法正。

摘要：

抽胯的实质是腰肌的收缩带动胯的抽换，功能完全一样，运动中保持外三合，节节贯串螺旋转动，保持自己的中正。

解读：

外力挨我身，我以柔相迎。以柔迎刚意在先，指的是意想（意是想法）内动腰肌的收缩带动胯的抽换，其间变化是一致的。抽右胯，右胯实，左胯虚；开裆圆裆旋转，上肢必然右屈为虚、左伸为实。抽左胯，左胯实，右胯虚；开裆圆裆旋转上肢左屈为虚，右肢必然伸为实。节节贯串，四肢身躯骨对准（外三合：手脚、肘膝、肩胯上下相对而合），处处相合，肩平身法正，所以抽胯是腰肌主宰的表象，又是腰肌主宰的关键。

六、动力的源泉

动力诀：

中轴上下两个轮，
上肢惰轮不出力。
下肢动轮是根基，
上下相随妙无比。

摘要：

上肢起到劲的支撑、传递和杠杆的配重作用。中枢神经支配腰骨骼肌收缩的肌张力驱动下肢两腿屈伸虚实变化产生偏心力矩，对地的反作用产生动力，这是太极拳动力的根基和来源。

解读：

拳论说："太极拳是以分清虚实和重心偏移而产生的偏心力矩作为动力源泉的。这是最省力的机械作用，可使人历久不疲，练拳时只要挪动一下重心就可以动作起来。"

拳论还说："太极拳动力本身就是产生于偏差的倒换中。如果没有偏差，就是说重心正摆在中心线上，那就会形成双重，失去动力而形成滞重的毛病。此时如果将双手虚虚掤起，就可成为双沉的功手，可使运动重新获得转换的动力。"这是太极拳老先辈总结的宝贵经验。拳论说“力从脚跟起”，太极拳的动力实际上就是两腿在腰肌收缩的肌张力驱动腰胯抽换的扭劲促使下，一腿伸从实渐虚，另一腿屈从虚渐实，产生偏心力矩对地反作用的变化中产生的。在生活中有不少这样的例子。比如皮球触地而反弹起来，把球扔到墙上反弹回来等，都说明了它的反作用力。所以在太极拳练功时，要特别注重两臂、两腿屈伸虚实开合，要上下相随，做到内外三合，即节节贯串，形成周身一家的练习。此时要注意脚尖和脚跟的虚实变化，开裆圆裆脚跟落地时，一动全动，一停全停，内外三合齐到，达到破之而不开、撞之而不散的整体劲。明确地说上肢主要起到力的支撑传递和杠杆配重的作用，下肢两腿屈伸虚实变化产生偏心力矩，是动力的根基和来源。

七、运动的轨迹

（一）劲道诀

外家拳法直出入，
太极柔劲走弧线。
彼刚我柔螺旋转，
我内彼外走一边。

摘要：

以柔克刚，先抽胯，四肢屈伸，以腰顶为中轴，内动偏心旋转，一切动作都是以我为中心，让彼始终走外圈。这是太极拳三维立体身肢结构走螺旋的劲道，是以轻制重、以慢制快的最大优势。

解读：

外家拳讲着、讲快，是明劲，是直力，是大力胜小力。太极拳是暗劲，走的是弧线，是圆，是偏心螺旋缠丝劲。一切动作始终以自己为中心，让彼走外圈，这就给小力胜大力奠定了基础。三维立体身肢结构走螺旋缠丝是太极拳功夫的主要运动形式。用意使腰肌的收缩，二腿屈伸虚实变化，形成重心偏离中心、上下肢屈伸相随、螺旋缠丝的一触即动的球形圆转运动，像地球仪一样，一触即旋转，把彼抛在一边。

（二）开展诀

盘拳推手天天练，
文练武练基本功。
大虚大实求开展，
抻筋拔骨弹劲生。

摘要：

太极拳偏心旋转、上下相随的四肢屈伸形成掌握运用三维立体身肢走螺旋缠丝运行机制、体制，天天练功，大虚大实，人小关节抻筋拔骨。身肢极大地放长，松柔的程度不断提高，向轻灵、虚无的境界发展。

解读：

盘架推手要坚持经常不间断的练功，常练常新，才会有不断的进步和体会。因为盘拳、推手是太极功夫的筑基功，越练功底越深厚。前三年五年都要大虚大实，身肢要开展，通过三维立体身肢结构走螺旋缠丝（即三个螺旋缠丝），身肢得到放长，使各部位的筋腱得到最好的放长锻炼，产生太极拳需要的弹性劲和韧劲。柔软是太极拳功夫的载体，是太极功夫展示的平台。柔软、拳架结构即三维立体空间身肢结构都是通过常期盘架子和推手锻炼出来的，所以要坚持天天练。

（三）圆融诀

粘连黏随无大病，
谨防俯仰铸大错。
举止柔顺里外缠，
舍己从人宜圆融。

摘要：

走即是粘，粘即是走，粘走统一。能灵活运用粘连黏随，避免顶匾丢抗四病，能熟练运用粘走克服双重。举止柔顺，舍己从人，不管对方从何而来，都会融合到我的乱环之中，做到虚则无所不容，静则无所不应。

解读：

圆融，就是融化、融合、无所不容的意思。懂劲之后，已进入高手阶段，盘拳、推手、身步手眼四法基本纯熟，形成的三维立体身肢结构走螺旋缠丝的运行机制和体制已养成习惯。做到粘连黏随四功，基本避免“顶匾丢抗”四病。身肢放长“松柔、轻灵、虚无”，已进入轻灵阶段。在此基础上，应继续按拳论那样锻炼自己。拳论说：“太极拳与推手，以虚静为极致，以身法中正为基础，虚则无所不容，静则无所不应。身法中正既能八面支撑，也能八面转换，上下四旁，接转灵敏……”（《太极拳全书》242页）

“且人之一身，浑身上下都是太极，即浑身上下都是拳，不是以一拳目拳也。”（《太极拳全书》305页）

“打拳者，手极虚极灵，物有挨着即知，即能随机应之，不唯手，即背面全身尽是虚灵。”（《太极拳全书》268页）

（四）乱环诀

烂採乱环最难明，
双人推手无定式。
相互问劲多柔化，
克服双重这一关。

摘要：

乱环诀的圈是指名字诀“全身一圆示神奇”。这里的圆指的是太极拳以柔克刚的柔。这个柔主要是三维立体身肢结构走螺旋缠丝运行机制形成的偏心旋转自如的太极球。这个“球”是四肢屈伸按“身、步、手、眼”

四法上下相随，是偏心旋转的球体。

这个球体，以腰顶中轴为支点，支撑全身，是全身的重心。身肢为杠杆，两腿是中轴的支架，又是杠杆的一部分。因四肢屈伸产生的偏心力矩，力偶。重心移动，偏心旋转产生阴阳，形成一个三维立体身肢结构走螺旋缠丝的无形球体。因这个球体曲率半径随旋转而变化的，符合杠杆粘点和螺旋转化原理。它具有“四两拨千斤”的功能。所以对方一动（粘着点为力点）即太极球旋转示神奇，迫使彼失去重心而跌倒。这里一圆既是柔，又是化引拿发。

熟练运用三维立体身肢结构走螺旋缠丝的运行机制、体制，熟悉大中小圈以及无形圈的变化，掌握圈圈相克和无形圈克有形圈的道理，不管怎么变化，都把克服双重放在第一位，为散打奠定基础。

解读：

乱环推手是无定式推手，更接近于散手。主要练习接手、用意顺随、缠丝、顺势借力，化与发的功夫。先练大圈、中圈、小圈，到内动无圈。把克服双重放在第一位。乱环推手要进一步运用三维立体身肢结构走螺旋缠丝即身法、步法、手法和眼法的协调配合，通过双方问劲，深明“不丢不顶”“无过不及”“动急则急应，动缓则随缓”的道理。柔化其实就是大圈、小圈、正圈、斜圈、无形圈的变化。运化转关，圈圈相克，要始终控制对方的重心，让对方处于失重状态，随时可发放对方。

杨式“九诀”中说：“乱环术法最难通，上下随合妙无穷。”“太极拳的运用，以圈环方式为变化的基础。乱环是表示太极拳没有固定的圈环方式，例如在手法上有高低、进退、出入、攻守，都走圈形，而圈是变化的；圈有大圈、小圈、平圈、立圈、斜圈、正圈和有形圈与无形圈的分别；并且圈又分以大克小、以斜克正、以无形克有形。什么是无形的圈？就是在出手动作中，随时都在螺旋力量的范围之内，这种螺旋力量要成为动作中的习惯力量，所以虽然用手直入直出，但是只要接触对方的某部，便显示出直进是由螺旋力在推动的。由于这种螺旋力的主导作用，就能随着对方的来手上下进退，并能在顺随之中相机地发挥螺旋力以入手克敌。”（《太极拳九诀八十一式注解》26页）

（五）紧凑诀

十年八载功渐成，
体已练柔内气盈。
先由开展求紧凑，
内动虚实外无形。

摘要：

紧凑是为了求柔（由大圈、中圈、小圈到无形圈），劲整方便用，又不易被对方利用。拳论说：“闻诸先严，太极功夫以没圈登峰造极，非一蹴可就，必须循序渐进，由大圈收至小圈，小圈收至没圈，复以内劲

为其统驭，连贯变化，运用神妙，技至于斯，形式上无从捉摸之矣。”（《太极拳全书》309页）

拳论说：“初学时动作可以大虚大实，以后逐步练成小虚小实，最后达到内有虚实而外面不见虚实的境界。这是调整虚实的最深入的功夫。”又说：“太极拳功夫之归咎，必于舍己从人中，求其至切近之运用，所争只在毫厘，功夫若此方为过微也。”（《太极拳全书》27页）

（六）切近诀

懂劲之后进神明，
腰腿运化要精研。
螺旋缠丝多熟练，
柔化发放不越界。

摘要：

太极拳为什么“舍己从人，从近不从远”？

太极拳推手要求舍己从人，是产生粘连黏随的基本要求。如果从远，是走大圈或出了方圆，漏洞易被对方利用而受制。功夫熟练后，最终要达到动力定型、内动外无型的高级阶段。这个阶段，就是在双方接手以后，粘着点的虚实变化要形成螺旋力，迫使对方失去重心。发劲动度小威力大，有一定规律化引拿发的定型模式，这是内动外显螺旋缠丝公母入扣的精微处。

舍己从人，从近不从远。不管在什么情况下不可逾过太极圈的界线，以防失去重心。

解读：

拳论说：“懂劲后愈练愈精，熟识揣摩，渐至从心所欲，本是舍己从人，多误舍近求远。所谓差之毫厘，谬之千里，学者不可不详辨焉。”“在懂劲后，熟练的基础上，就须进一步作理论上的研究。通过客观摩至主观揣，使主客观得到统一。由实践练得的动力定型至从心所欲，以达到自动化的神明阶段。这是推手最高级功夫。到此阶段，尚须辨明舍己从人的界线，以求达到正确地运用。”

陈鑫说：“敌如诈诱，不可紧追；若越界限，势难转回，况一失势虽悔何追。”（《太极拳全书》259页）

这就是说，在这方面差别虽小，都要无过不及，重心不要超过自己的两脚的中心圈，不要使自己失去重心。懂劲后，要从近不从远，注意小圈，内动外无形，即动力定型的应用，提高化、引、拿、发的质量。

八、得机得势的道理

得机得势诀：

内外三合气贴背，
全身一动五弓备。
得机得势箭待发，
所难不发刚化无。

摘要：

如果处于我顺人背为粘的位置是“得势”，姿势占主动，在“得势”的瞬间从时间上说是“得机”。这就是在时间空间上“得机得势”。但不发是为了练“得机得势”之功。

解读：

得机得势是指在竞技或者在搏斗中双方在时间和空间所处的主动或被动地位。三维立体身肢结构走螺旋缠丝空间指的是在姿势上如果处于我顺人背谓之粘的位置是得势，在得势的瞬间为得机。两人交手，“人刚我柔，谓之走”。顺势借力，我顺人背，这时我得机得势，从时间、空间都占据了主动地位，内外三合五弓具备。但我为了练柔化功夫，得机得势，可以不发，随人而动，专门训练自己的腰腿功夫。

九、转关的应用

转关诀：

顺随借力再转关，
提起脚跟左右转。
上下相合脚跟落，
开裆圆裆定成功。

摘要：

顺随柔化，步随身换，脚跟起，转关（转方向），开裆圆裆，节节贯串，脚跟落地（发劲），这是在三维立体身肢结构走螺旋缠丝的基础上完成的。

解读：

运化转关是柔，是克服双重的关键。拳论说："运化为转关之先机，关即人之周身穴节，故转关亦曰转节。"此节说明顺随柔化在先是前提条件，而后转关。转关是关节的转动，即变方向。拳论说："初学之人多尚拙力而无灵动，故以运化去滞，使转关达于虚灵。"说的是拙力未去，筋腱没有拉长变柔，关节不灵活。拳论又说："所谓运化转关者，即由柔筋活节而进至接骨斗榫，苟不知此，即不足与言动静之虚灵者也。"此节说明柔筋活节在太极拳中占据极其重要的地位。

在盘拳推手过程中，身、步、手、眼四法协调配合，步随身换，顺随柔化转关，脚跟起（是合）变方向，开裆圆裆，节节贯串，脚跟落（发劲是开）。这是在四肢屈伸三维立体身肢结构走螺旋缠丝的基础上完成的。

十、发劲的时机

（一）发劲诀

内动粘点螺旋转，
先化后引拿住劲。
转关串成一股劲，
柔化刚发要沉劲。

摘要：

化引拿，即开裆圆裆内外三合，合住的一瞬间，脚跟落地（一沉），劲发了出去。这都是在节节贯串运动的基础上完成的，是周身一家的整劲，是有心求柔而形成的旋转的劲即刚劲。粘着点的被动顺随、阴阳消长、缠丝入扣、偏心旋转，似钻头一样进取，无坚不摧。

解读：

拳论说："练习推手，宜先认真练习'掤、捋、挤、按'四手，力求柔顺圆满，周身一家。先学柔化后求发劲。发劲应力求使对方双足离地，向后（也可向左或向右）向上腾空掷出为佳。"又说："能蓄得巧，始能发得妙。"前几句主要介绍练习推手的程序、标准和技巧。又说："吸为提、为合、为蓄，呼为放、为开、为发。"主要解释开合蓄发的呼吸配合问题。"放劲须集中猛透，尤须速沉，使放劲极为刻入而锐利。""功夫纯粹者，动之至微，引之至长，发之至骤。吸则自然能提得起，人之脚跟，利其反力，动其重心；呼则自然能沉得下，放得人出而干脆。"讲的是高级的妙手之发劲。

综上所述，太极的发劲，就是在顺随、柔化、转关、引、拿的基础上，开裆圆裆、节节贯串、脚跟落地的一瞬间（一沉）把劲发了出去。此时，要注意从练功开始自然呼吸，转而与肢体化、引、拿、发相配合。吸是合，呼是开，吸是蓄，呼是发，是腹式呼吸的应用。

拳论说："所谓发劲，是在沉肩坠肘之下，将各种曲蓄有余的内劲引导着由脊背传递到手臂上再发出去的意思。”所以拳谱中规定：“力由脊发，即由脊脱扣而发出，只有这种发劲才是中正劲，它是由全身汇合了各个关节而发出来的。所以节节贯串的原则，不论是运劲、发劲和放劲均须贯彻，因为节节贯串的运动正是节节贯串的发劲的基础。”（《太极拳全书》42页）

（二）沉法诀

发的沉劲有长劲，
寸劲顺劲有回劲。
吸提合蓄是柔劲，
呼放开发是刚劲。

摘要：

发沉劲的方法，有长、短、顺、逆、柔、刚等。沉法便都是节节贯串螺旋的旋转劲。拳论说：“功夫纯粹者，一举手，一投足，圆转、柔和、轻灵地控制对方劲路，即可使对方失机失势，无从转变，即可发劲；或一待放任转变，即顺应变转支点而发劲，这是拿住对方劲路的高级技术。”（《太极拳全书》239页）

拳论说：“放劲时，身、手、步和眼神一齐俱到，膝尖、足尖、鼻尖、手尖和眼神须对准同一方向，使力点集中。”（《太极拳全书》244页）

拳论说：“粘化还击时，胯先下沉，弧行微向上而前进逼，与手法螺旋形动作相一致，才能在放劲时利用

地面反作用力，使劲起于脚跟，注于腰间，通于脊背，形于手指。”（《太极拳全书》244页）

拳论说：“功夫极深者，触处成圆，但依着何处即从何处放劲。”（《太极拳全书》248页）

盘架、推手的基本功都是为了太极功夫最后沉劲发放做准备，为沉劲创造条件，打下基础。沉法是在被动顺随、运化转关（即化引拿）迫使对方失去重心，利用节节贯串之法即螺旋缠丝的运动形式，以沉劲发放对方。沉劲有长劲，意远劲长之劲；有寸劲，短暂蓄发之劲，沾衣劲；有顺劲，顺其来势随感而发之劲；有回劲，逆之来势而发的劲。

第七章　太极拳的应用

经过几年、十几年的锻炼，太极拳拳架、推手功夫能克服“双重”，到了懂劲阶段，身体素质、身心更健康了，在技术战术水平方面具备了一定的竞技应敌能力，有了较扎实的基本功，就可以进入散手应用阶段了。

第一节　散手

散手诀：

散手擂台是为战，
面对强手不畏惧。
提起精神来迎敌，
心平气和把仗打。

拳论说：“着熟渐悟懂劲，阶及神明。”也就是说盘拳推手到了懂劲阶段，文成武成之后，进入了更高级的散手阶段。散手的定义：散手（即散打）是不拘形式的格斗，自由搏击。可以一人对一人，一人对多人，也可以徒手对器械等不同形式的搏斗。到此阶段，走出去视野更加开阔，更要加强精神的修养了。武德是武术的灵魂，“德为先”。要遵守社会公德，尊师重道。不要好勇斗狠，恃强凌弱。谦虚谨慎，永不自满。以武会友，破除门户之见，广交朋友。要有口德、手德。要以忍为尚，和为贵。要保护好自己，也要保护好对方不受伤害，为自己和大家营造一个很好的练功环境。这也是练散手长功夫最快最好的时期。

对于个人来说，太极拳身体素质的提高是无止境的，太极拳功夫的提高也是无止境的。世界之大，天外有天，人外有人，因为武术拳种流派繁多，各有优势和特长，要多交流，博采众长，增加适应能力。

在散打搏击中应用四两拨千斤功夫时，为了充分发挥人的体能和智慧，进一步强化化引拿发的修炼，细研二十字诀，学习古人先辈的经验。

技巧诀：

太极功夫柔渐成，
有心求柔柔成刚。
文成武用是为打，
化引拿发技巧功。

体以练柔，气以充盈，肢体顺随虚实变化自然，有了比较扎实的基本功。下一步着重学练化引拿发的技巧。即细研二十字诀及化引拿发的运用。

二十字诀

披闪担搓欠，化也，
粘随拘拿板，拿也。
软掤搂摧掩，诈也，
撮坠续挤摊，发也。

摘要：

化、拿、诈、发。

解读：

披：分也，开也，裂也。太极拳中由侧方分进曰“披”。

闪：侧方避之。太极拳中不顶而侧让，不丢而粘之，非全空。

担：负也，任也。太极拳中任敌袭击，待其将着身时，负其攻势下松以化其劲曰“担”。

搓：手相摩也。太极拳中我之手腕臂肘与敌之手腕臂肘相磨擦试其劲之去向，敌进我随之退，敌退我趁势攻。沾粘不脱中含圆滚之意。

欠：不足也。出手不可太满，总要留有相当之尺寸，否则一发无余非太极矣。

粘：沾也，染也。太极拳中缠绕不脱不即不离，人背我顺随机变化。

随：从也，循也，顺也。在太极拳中敌为主动我为被动，循其后而行，所谓亦步亦趋也。

拘：执也，取也。在太极拳中趁势拘住敌人手足臂腕而系之也。

拿：擒也，牵引也。擒住敌人各部曰“拿”，觉点敌人脉穴亦拿；顺势攀引亦谓之拿。

板：挽也，援也，牵制也。太极拳中以挽住敌人各部为“板”，顺势牵制敌人各部亦曰“板”。

软：柔也。在太极拳中不许用拙力，而听其天然之沾粘力，用以探听敌之劲，然并非一味只虚无力也。

棚：架也，烘托也。在太极拳中，由下而上掤架敌力使不得着我，又由下向上烘托敌人之手足皆掤也。

搂：曳也，持也。握持或曳抱敌人之手腕臂膀，使不得脱时曳。

摧：折也，挫也。在太极拳中摧刚折柔。乘势以挫敌锋，险其中坚而折之亦曰“摧”。

掩：遮也，蓄也。闭守敌攻，覆护，以化其劲，亦曰“掩”。

撮：聚也，采取也。在太极拳中以手指取敌各部或点其穴皆曰“撮”。

坠：落也，陨越也。在太极拳中，处处要坠，即为敌所牵挽，我沉肩坠肘如万钧重，再乘其隙以袭之，无不应手奏效。

续：连也，继也。在太极拳中能懂劲始可言续，沾粘不脱式式贯串，其劲似断而意仍续连也。

挤：排也，撞也，推也。凡以手腕臂肘推拥敌人各部，使其不能前进皆曰“挤”。

摊：开也，展也。太极有开合之功。合而不开，其劲究窄，放手宜嫩，是太极之病。近世有开合太极之说。故一开无不开，不唯吐放舒展，且可坚实着力。吾师兆东先生所传之形意后手在根节，此意也。

二十字综合之含意是太极拳化引拿发技巧的概括，是盘拳推手功夫的综合运用，是懂劲后走向高手、妙手之起点。

二十字的意解。“披闪担搓欠”：敌用刚劲，我要披分敌劲，用侧闪但还要担负一部分敌劲，必用搓搓之法（即螺旋缠丝），在合敌劲时要不过、要及时，时机恰到好处。五个字形容一个化字，解释一个化字。“粘随拘拿板”：人刚我柔，走化后在粘随时用各种方法牵引对方使之失去重心，施展拿手法，拿住对方局部或劲路。五个字着重解释一个拿字。“软掤搂摧掩”：都是诈。软掤搂要圆融；摧要摧坚折柔乘势挫其锋；掩护牵制一部动全身。软掤搂摧掩饱含一个诈字。“撮坠续挤摊”：是化引拿诈的继续，最后发放对方。二十字是声东击西、虚实刚柔、圆转突变脆发的变化。一个字不是技，二十个字的融合才是太极功夫的全貌。在自由搏击、散打、竞技、对敌中才是太极拳功夫艺术、技巧的展示。在细研20字诀的基础上还要注重以下功夫的修炼。

一、接手

接手诀：

人刚我柔要顺随，
接定彼力不丢顶。
腰动顺转滚珠圆，
顺随借力再转关。

摘要：

眼观六路，耳听八方，注意察看目标（可能一人或多人），肢体是球，前后左右上下四旁都能接手，被动顺随，触处成圆接手为主；主动进击接手为辅。

解读：

拳论说：“陈式推手既要求做到不使对手触及己身，而己能控制对方重心，又要求做到敢于使对手触及己身，贴近己身，达到搭手即有办法，近身亦有办法。粘连黏随的功夫在手上，亦在身上。搭手微引即发劲是一法，搭手引使近身受而制之，制而摧之；以身变手，使对方一手或双手置于无用之地，而我手尽可活变，此又一法。远不怕，近不怕，能远能近，能蓄能发，能柔能刚，则尽到了推手之能事。”（《太极拳全书》246页）

敌我双方搏击，要接手？不管对方是一人或多人，要做到以下几点。

①在强敌面前不畏惧，心平气和，要有战胜对手的信心。

②耳听目视是第一道防线。耳听主要是听动静、声音，判断对方的方向、远近位置；眼睛要及时寻找发现目标。

③以我手、腕、臂、膀以柔接敌手、腕、臂、膀，用粘连黏随之法，顺随粘贴。一般不主动、不妄动；是以柔迎刚，以柔迎敌。接手时要比敌手要轻、要慢、要软，顺随柔化，软着陆，全身上下都能接手，触处成圆，能化能发。

④对方起脚（分脚或蹬脚），我要近身接手，不可后退，后退必挨。

⑤拳论说："借法容易上法难，还是上法最为先。"还说："定在有隙。"在双方接手的一瞬间，上手有机会就不放过。如对方走神，对方身法不正，如前俯后仰、左右突胯等。但主动上手时，要安排好自己，要刚在前，柔化在后，柔做后援。进攻是问劲，引动对方而后发放。

二、借机

借机诀：

定在有隙借机打，
中在得横趁机打。
借法容易上法难，
还是上法最为先。

摘要：

对方失重失势，我得到对方的横，用借法或上法发放对方。

解读：

“彼不动，己不动，彼微动己先动”。是说，对方不动，我也不动，对方微动，我意在先，亦能控制对方。即“粘连黏随”“化引拿”控制对方而后发放。这是借法，这是常用的基本太极拳技法。但是在散打实践中，对方给很多机会是可以直接利用的。正如拳论所说的“借法容易上法难，还是上法最为先”，能直接打的机会就不要放过。比如，搏击运动中，我得了对方的横，对方前俯后仰、左右突胯、身法失衡、对方失神等，都是上法的好机会。但出手时，一定要安排好自己，不要过，要以柔为后援。

三、跌法

跌法诀：

拳中唯是要跌法，
不明跌法身徒劳。
套封插逼跌法用，
大捋大靠在其中。

摘要：

用“套封插逼”之法管脚占势，是足进肩随大捋大靠，是四正手的辅助手。

解读：

跌是摔，是倒。就是对方双脚腾空而起而摔倒。拳论说：“‘动必进步，进必套插’，套是前足管住对方前足外侧；插是前足插于对方裆部中间。套封插逼，足进肩随，大捋大靠（适用采、挒、肘、靠四劲）之法，即在其中。套封插逼是推手时使用跌法的下体管脚占势的方法，膝节的内扣和外撇，起着以弹簧劲打动对方桩步的作用，也起着消化对方以膝节打动桩步的作用。”（《太极拳全书》244页）

在推手中“套封插逼”四隅手管脚占势方法的运用，是四正手的辅助手。一旦四正手出圈的时候，必须动步“套封插逼”，挽回不利局面，从败势中战胜对方。

四、诈法

诈法诀：

练打之时必含蓄，
乘劲等打方为妙。
得机得势是前提，
详输诈败真功夫。

摘要：

诈法诱敌深入，声东击西，指上打下，使对手晕头转向，不知所措，乘劲等打，赶打，顺而击之。

解读：

佯输诈败，是在我背势情况下诱敌深入之法（即诈法），使对方认为有机可乘出手进入我陷阱，拿而制之或者用声东击西、虚虚实实、实实虚虚之法，使对方晕头转向，不知所措而击，无不奏效。

拳论说："所谓乘劲是乘人放劲之时，或挽、或牵、或托，均以乘来势使之前倾，或借其来劲使之旁跌。以我微力倾彼强壮之躯，以我巧妙之方，击其倾斜之时，是乘劲之作用。所谓等打赶打是什么意思？临场之际，须定气下沉，以逸待劳，可占优胜，不先发制人，待人发手之际，我则乘机以挫其锋，是等打之功用，较赶打为优。

"然既打之后，或手足瞬息万变优胜劣则顷刻即分，故不加犹豫，唯有奇之使进，逼之使退，推之使颠，吐之使蹶，似不等打而专用赶打，犹未尽善。完全之技击，必合蓄劲、乘劲，等打赶打，各手法、步法而成。"

乘劲、等打、赶打都是对方出手之后，我柔化含蓄择机择势而用。

五、竞技

竞技诀：

尽其所学不违规，
迎柔强手不逾界。
圆转乱环诈法用，
柔化得势根节打。

摘要：

竞技是武术比赛，要熟悉比赛规则，尽其所能，迎柔强手不逾界，柔化得机得势要打根节。

解读：

竞技是武术比赛，要熟悉和遵守比赛规则，要尽其所学参加比赛。不以胜负论英雄，要以提高竞技比赛水平为目的。

上场比赛遇强手（武林高手、太极妙手）时，随人而动，以柔迎刚，出手不要逾界。要舍己从人，但“从近不从远”，敌要诈诱不可紧追，要保持好自己的重心。如果我得机得势要打对方的根节（根节不易化解），容易成功。

六、对敌

对敌诀：

三十六个致命穴，
上喉下阴左右肋。
中间心脏肘膝节，
脑后一掌索阴魂。

摘要：

对敌是生死存亡的搏斗。要不畏惧，冷静面对，争取一招制敌。在敌手面前要眼观六路，耳听八方，注意对方一丝一毫之动静，谨防敌人暗算。将敌一招致拿、致跌、致伤，失去战斗力。

解读：

拳论说：“若是功夫纯熟，由其大无外之圈，造到其小无内之境，不遇敌则已，如遇劲敌，则内劲猝发，如迅雷烈风之摧枯拉朽，孰能当之！”。拳论又说：“至成时，敌人急来急应，不待思想，自然有法。”

第二节　健身

健身诀：

内外兼修太极拳，
盘拳推手气血通。
五脏六腑得锻炼，
洗髓易筋周易行。

一、适应广泛科学健身

太极拳是传统武术中男女老少皆宜、适应广泛、内外兼修的最优秀的拳种之一。经过长期的持久的盘拳、推手锻炼，在不断提高技击水平的同时，强健了体魄，也得到了延年益寿。

吴式太极拳在盘拳架应当注意的法则中写道："其实太极拳的技击功夫和健身效果，原是同一个方法下的两个产物。如果在意识上把每一个动作都看作技击方法，当然可以增进技击功夫，但同时也不会减低它的健身效果。如果意识作用专注在健身方面，自然可以得到更显著或者更充分的健身效果；但无形中也有培养技击基础的作用，不过在没有研究技击方法前，并不是人人都能运用这种基础的。"

二、太极是“易筋”“洗髓”的全面功夫

“易筋”“洗髓”功夫系佛家的一种上乘功夫，亦为历代高人修炼验念之结晶，因而历来为世人所推崇。《易筋、洗髓古本注释》是孔德先生多年研究之成果。著者按：“李卫公序”是叙述“洗髓”“易筋”的来源，尤其是介绍“易筋”流传和翻译经过的史文。作者李卫公即是唐初有名的军事家李靖。太和年间（公元477—499年），印度达摩大师自南京到达魏（即今河南开封地区）嵩山少林寺。达摩到达中原后，“易筋、洗髓”是根据佛学和道学的相通原理，并吸取汉代华佗的《五禽戏》导引功和中国医家的经络学说，又结合儒家易理而创造出来的。“易筋”“洗髓”二经，侧重“易筋”的修持，只能增强体力，显示外壮；侧重“洗髓”，只能养生，完成片面的性修。这两种情况都是各走一个极端，不是佛门倡导的全面功夫。“易筋”体现着佛家修炼的具体功夫，“洗髓”体现着佛家修炼的原则和目的。无具体的功夫无法入道，无原则和目的又怎能验证佛门的因果呢？

行“易筋”是离不开“洗髓”功夫的，而行“洗髓”则是为了规范“易筋”功夫。这是道的整体两个方面，两个方面合于一个道。其效果因为统一而显神用，其理论因其两个方面才显示广泛的作用。所以“易筋”“洗髓”真是有并行而不相违背、互根互成的妙用，要

灵活掌握，参差互用，使运中有定，定中有运，使其显示出一动一静互根互成体现一阴一阳交合运变无穷的道。使其阴阳交合，八卦相鼓荡，所以易筋洗髓的相辅相成，恰是浑然一体的太极。

三、太极拳是健身最好拳种

摘要：

太极拳是以柔克刚，是应用周易阴阳理论学说，按照“洗髓”“易筋”二经的内涵和宗旨内外兼修的拳种，六大系统得到锻炼，心身都得到了修养。生柔实现两大任务和目标：①健身，延年益寿；②柔成刚，技击。有几句名言提醒我们：起居有常，饮食有节，运动有度。一生中注意：生活有规律，饮食有规律，运动有规律。规律就是科学，人生就能持久而长寿。

备注：

六大系统：①呼吸；②心血管；③消化；④经络；⑤神经；⑥筋骨肉。

解读：

太极拳是内外兼修，是强身健体最好的健身方式和运动的拳种，经过长期锻炼就可延年益寿。

太极拳强调腹式呼吸，这种呼吸锻炼可扩大肺活量。据科学考证，肺活量的大小与力量的大小及生命长短成正比，肺活量越大越能长寿。

气血运转畅通，促进血液循环。良好的血液循环是决定人体生命长短的根本条件。

汗腺通畅，保证了新陈代谢。内分泌渠道畅通，病毒、垃圾不易滞留，故不易生病而长寿。

用意不用力，提高了精神系统的敏感度。经过常年锻炼多为耳不聋，眼不花，脚不沉，肌肤敏感度强。

长年练拳，由于身肢柔软性好，防止了骨质、关节、韧带的老化。

松、静、空、灵，陶冶超然脱俗的心静。清心寡欲的人多长寿。

附 录

附录一 “周易”

《易传·系辞上》中的太极：“是至高无上的宇宙本源，由它产生天地、阴阳；再由天地阴阳产生乾坤、震巽、坎离、艮兑八卦。太极发明因其纯任自然，如环无端，动作匀极圆活，不用力而长内劲，尤深合易经之理。”

一、什么是“周易”

《周易》是由“易经”“易传”两部分组成的，“易经”是远古时代伏羲、周文王创制的，是不足五千字的“经”文。“易传”是春秋时期及以后年代孔子等诸子百家学者对经文的注释和发展为“传”。是中国文化的先祖，是一部伟大的哲学、自然科学、社会科学的巨著，但首先是一部哲学巨著。

《易经》作为群经之首，为整体华夏文明提供了世界观和方法论，是传统政治、文化和道德权威的象征。

二、"周易"的主要内容

易在这里兼具"简易""变易"和"不易"三种含义。

"变易"：宇宙万物时刻都在变化，人事也是如此。

"不易"：变化不息的宇宙，却具备恒常的法则，井然有序，循环不已，有一定规律可循。

"简易"：宇宙大人身，人身小宇宙，作为小宇宙的人，也同样有法可依了。一阴一阳谓之道，偏阴偏阳就是病了。

——摘自周春才著《易经黄帝内经养生图典》

《周易》一部书的精髓，全在一个"易"字。易一名含四义：所谓易也，变易也，不易也，易亦即变，变动，变化，转变之谓。此外，还有交易和简易之意。

不易和变易是对立统一的，有变易必有不易，变易是一分为二，不易是合二为一。正如邵伯温的（语录）说："天地万物莫不以一为本，原于一而衍之，以为万穷天下之数而复归于一。"不易和变易的关系，也是动与静的对立和统一，动是绝对的，静是相对的。亦即变易是绝对的，不易是相对的，变易与不易这一对矛盾运动是事物发生、发展、变化的根本法则。

——摘自杨力著《周易与中医学》

《易传·系辞上》说："易有太极，是生两仪，两仪生四象，四象生八卦。"即指出太极消长变化是派生万物的本源。宋代周敦颐所著《太极图说》曰："无极而太极，太极动而生阳，动极而静，静而生阴，阴极而动，一动一静，互为其根。"皆说明太极图富有深刻的唯物辩证法思想，太极图是"周易"最高哲学范畴，是宇宙万物变化发展规律的缩影，蕴含着高深的哲理。

"所谓圆道，指宇宙存在着圆的运动规律，'周易'六十四卦是一个大圆，每一小卦之六爻是一小圆，一切都充满着圆的循环……"圆道是一种动态循环，一切都存在着周期性的往复，这一规律对中医理论有着重要的影响。首先圆道观奠定了整体观的基础，整体，是圆的整体，整体观实际上是一种圆的体现。

——摘自杨力著《周易与中医学》

"周易"八卦所反映的阴阳消长盛衰是均衡的、对称的和互补的，奠定了中医平衡观的基础。

宇宙运动与静止的统一观：必须强调运动是永恒的、绝对的、无条件的。静止是相对的、暂时的、有条件的。运动和相对静止的统一观，实际上就是运动与平衡的统一观。

平衡与生命：运动与相对静止的统一观的精髓在于平衡，即在于维持相对的平衡。

平衡是物质运动的形式，一切物质都存在着平衡，平衡是生命存在的根本条件。

并不是时时刻刻都平衡着。也就是说，平衡指的是总体的平衡，但局部并不一定都平衡，总体的平衡是透过无数个局部的不平衡发展而来的。

——摘自杨力著《周易与中医学》

三、“周易”与太极拳

“周易”的宇宙观和方法论即“变易”“不易”“交易”“简易”的几个概念。“宇宙大人身，人身小宇宙”，按照“一阴一阳谓之道”，人身就是一个阴阳组合系统。太极拳本身就是在“周易”的影响推动下起源发生发展起来的。它给太极拳奠定了理论基础。

太极圈与太极图是吻合的、一致的。

太极拳运动是腰带动四肢同步屈伸，即偏心旋转、上下相随的运作。脚踏太极圈，两腿一伸一屈，即一阴一阳。由于地球引力的作用，身体重心随之移动，腰带动人体四肢，为了保持平衡做上下相随的自然运动。运动中因偏心旋转，必然产生偏心力距（杠杆）和力偶（自身旋转），使身肢做螺旋缠丝的圆形运动。随时间的变化，四肢一伸一屈、上下相随的姿势同步变化，腰顶中轴作为重心为人体的支点（太极圈的中心），两侧曲率半径也同步改变。然而支点上下某一点与其对称的两个力点力矩数值虽然在改变，但它对称的数值相等，不会改变，这样就保证了身肢运行总体的平衡。这个平衡是动态的平衡，这就是“一阴一阳谓之道”、圆道观、平衡观和整体观的应用。与太极图的寓意是完全一致的。

双方推手搏击是两个阴阳组合系统的对决。有以下几种情况：

①阳对阳。拼力相持或力分大小。力大小相等，不易是相对的、暂时的、有条件的。相持合二为一为静。力分大小（大为阳，小为阴），大力者胜，一分为二为动。阳对阳是武术界用力对决胜负，是惯用的手法。

②太极拳是以柔克刚、以小力胜大力为特点的内家拳。技击、健身都有特殊意义。

双方搭手，一方以柔迎刚，不出力，形成力偶，螺旋转动（分对方的力被引进落空）把对方吸引过来（进入我的太极圈内），在一环中，合二为一，为静。对方必然头重脚轻，不分阴阳（因为对方已经出了自己的圈，被控制）。双方成为一个整体，是暂时的平衡。两个阴阳组合变成了一个阴阳组合系统。平衡的一方随时可以发放对方，把对方发了出去，一分为二而跌出。

这都是前人的实践经验，实用有效，被物理力学、偏心力距、力偶的定理所验证。太极拳以柔克刚、小力胜大力是相对的、不对称的、有条件的，条件是：要用意不出力，被动顺随。肢体松柔作为平台，肢体神经反应要灵敏，四肢屈伸时内部要产生偏心力矩、力偶的运行机制，外显三维立体空间身肢结构的形体。

③健身。“洗髓经”“易筋经”是历史上最早的两部健身经典著作。正所谓“洗髓者，欲清于内；易筋者，欲坚于外”。

孔德注释：“其洗髓的道理是说，人落于后天之后，脏腑肢体渐渐被物质世界一切污浊的东西所染（按：看了不该看的，吃了不该吃的，闻了不该闻的，说了不该说的，凡不该的均是污浊），必须清[illegible]干净，无丝毫的污点和障碍。而易筋者，是坚固外在的物质形体。如果能做到在内的思想意志清净，在外的物质形体坚固，获得长寿就是易如反掌的事。还怕什么不能成功吗？”

——摘自《洗髓·易筋经》

“洗髓是静功，易筋是动功”。太极拳是一静一动兼而有之的功夫，是同理同功，是内外兼修。习练太极拳，是健康长寿最佳选择。

附录二　力与力学的基本概念

当今世界，是哲学、自然科学、社会科学领域大发展时期。力学的出现，为我们在“周易”和太极拳古典拳谱拳论的基础上探索研究太极拳的运动规律提供了重要的科学依据，为解决太极拳运动一些疑问及似是而非的模糊概念提供了一把金钥匙。

一、力

改变物体运动状态的作用叫作力。力有三要素，即力的大小、方向和作用点。

力臂：杠杆的力点与支点之间的距离。

力点：杠杆上受力的一点。

力矩：使物体转动时力与力臂的乘积叫做力矩。

力偶：作用于物体上两个大小相等、方向相反并且不在同一条线上的力。力偶能使物体转动。

——摘自《汉语词典》

二、机械运动

机械运动：物体相对于其他物体的运动叫作机械运动。

参考系：在描述物体运动时，选作标准的物体叫作参考系。

运动的相对性和绝对性：运动是绝对的，又是相对的。世间万物都在运动，可以说是绝对的；但是选择不同的参考系，物体的运动又有不同的描述形式，所以运动又是相对的。静止一定是相对的。

质点：用来代表物体的有质量而无形状、大小的点叫作质点。

位置：质点所在空间的点。说明：位置是一个点，可根据参照物（系统）的坐标来确定。即方位、距离、高度或经纬度。

质量：物体所含物质的多少叫作物体的质量。质量又是物体“惯性”的量度。

惯性：物体保持静止或者匀速直线运动的性质叫作

惯性。

说明：惯性的本质是保持其运动状态的性质，它反映了物体是运动的，运动是不灭的，不能改变，不能抵消的。惯性是保持物体某一运动速度的因素，也是产生加速度的原因，是改变物体速度的因素，两者是对立统一的一对矛盾。质量是惯性大小的量度，质量大的惯性就大，其运动状态不易改变；质量小惯性就小，其运动状态较易改变。

牛顿第一定律：物体不受外力，或所受外力为零时，它保持静止或者匀速直线运动不变。

牛顿第二定律：物体的加速度与它所受的合力成正比，与它的质量成反比。

牛顿第三定律：两个物体之间，有作用力与反作用力，作用力与反作用力大小相等、方向相反，作用在同一条直线上，彼此作用于对方。

角速度：质点做匀速圆周运动中，旋转半径R的弧度角与所经历的时间 t 的比值叫作质点转动的角速度，表达式为$\omega=\phi/t$ 单位是：rad/s。

线速率：质点做匀速圆周运动中，由某点转动至另一点，所转过的弧长与所经历的时间的比值叫作质点运动的线速率。公式为$V=s/t$ （m/s）。

线速度：做圆周运动的质点到另一点的位移与所经历的时间的比值叫作质点的平均速度，当$t\to 0$时，为某一时刻的瞬时速度。其公式为：

$$V=\frac{s}{t}\ (\mathrm{m/s}),\quad V=\lim_{t\to 0}\frac{s}{t}\ (\mathrm{m/s})$$

向心力：维持质点做匀速圆周运动，产生向心加速度的力叫作向心力（$F_{向}$或F_{m}）

离心运动：做匀速圆周运动的物体，在所受合力突然消失或不足以提供圆周运动所需要的向心力的时候，物体会做逐渐远离圆心的运动，这种运动叫作离心运动。

——摘自“超级高中物理化生、公式定理”

三、人体重心的概念等

人体的重心就是地球对人体全身各部分引力合力的作用点。对于这一定义的理解是：人体全身是由无数个微小的质点组成的，每一个质点都受重力的作用，因此全身的质点可以看成是受一平衡力系的作用；而这个力系的合力就是人体的重量，合力的作用点就是人体的重心。

人体平衡的力学条件：

一般地说，是作用于人体的主动力和约束反力的作用相互抵消的结果。这个结果导致人体既没有平动，也没有转动。

力系：同时作用在人体上的一群力称为力系，力系有平面力系和空间力系。

合力和分力：用力学的观点来说，如果一个力和一个力系是等效的，则这个力就称为是此力系的合力。反过来，力系中的各个力就是这个合力的分力。

作用与反作用公理：两物体间的相互作用必定成一对出现，作用力与反作用力之间的关系是等值、反向、共线，且分别作用在两个物体上，各产生各的效果。此公理实际上就是牛顿第二定律，它是为了构成静力学的自身完整的体系而引入的。

人体运动中的力：

人体的各种运动都是人和周围环境相互作用、相互影响产生的结果。这个相互作用就是力。

动力和阻力：

如果作用于人体的力与其运动方向一致，且产生正加速度运动，此时的力称为人体运动的动力。反之，若作用力与其运动方向相反，使人体产生负加速度运动，称为阻力。

外力与内力：

外部加于人体的力，对于人体来说都是外力。这种力是人与周围环境相互作用时产生的，它表现为外部环境对人体的反作用。所谓内力，指的是人体内部各部分的相互作用力。此时，作用力与反作用力的着力点在人体的内部。把力分为外力和内力是相对的，取决于我们所选择的研究对象，因此一般所说的外力，指的是外部加给人体的力，而内力则是人体内部各部分间的相互作用力。

内力与外力的特点：

人体的内力是人体内部各部分之间的相互作用力。

例如，肌力、组织粘滞力、韧带张力、关节之间的约束反力等都属于人体的内力。其中肌力是人体内力中的唯一主动力。外力是周围环境加给人体的力。外力可以改变人体的运动状态，引起人体从静到动，或从动到静，或腾空后改变其总重心在空中的运动轨迹等，只能是外力，这是外力的特点。

内力与外力的相互作用：

外力引起内力。有些运动是外力引起内力而实现的，如运动员受对方一拳击，通过憋气增大胸腹腔的内压，引起相应肌肉紧张，以抵消外力对人体的作用。又如守门员将球接住，球的冲击力引起参与挡球的有关肌肉紧张来抵消球的作用。可见，外力作用于人体，一定会引起身体内力的出现，这时内力的作用是抵消、克服或利用外力在人体的作用。

内力引起外力：

人体更多的运动是通过内力（肌力）和周围环境相对运动产生不同的外力，再通过这些外力反过来作用于人体，从而实现人体的不同形式的运动。如人的走、跑、跳、投等动作，都是人体以不同的蹬地力的总作用于地面，从而引起不同的蹬地反作用于人体，而产生不同形式的运动的。

如人体从站起开始做任何一个抬腿举臂的简单动作，在其过程中，首先是相对肌肉收缩，同时也引起人和地面相对作用力的变化，这种支撑反力的产生和变化引起人体姿势和总重心发生变化。由上述分析可见，人体的内力

（肌力）作为影响人体运动的源动力，是在内力和周围环境发生相互作用时才产生的，如果内力不和外力相互作用就不会产生外力，人体运动状态也不会发生改变。

内力和外力的相互关系：

人体的运动永远都是内力与外力的相互作用、相互影响的结果。人体的肌力这个内力在实现人体运动中是起主导作用的。而人体靠肌肉收缩产生内力，不仅使人适应外界环境，抵消克服外力对人体的不利影响，而且主要是通过不同肌力的作用，利用环境所提供的条件产生不同的外力，再通过这些不同的外力作用于人体，从而实现不同的运动。

人体运动的内力是依据，是源动力；外力是条件，是直接动力，外力通过内力发生作用。因此，我们运动实践中要充分发挥内力的主导作用，加大外力的动力作用，减少外力的阻力作用，以便更好地实现人体的各种运动。

——张昌亨主编《运动生物力学》

四、人体运动器官的生物力学特征

体育运动中引起运动的外力，基本上是通过肌肉活动使人体与外界相互作用而实现的，因此人体结构机能的力学特征是运动生物力学的重要内容之一。事实上，人体的运动是以骨骼为杠杆、以关节为枢纽、以肌肉收缩为动力而实现的。

骨：

骨具有坚硬性和弹性。

骨受力的形式：压缩负荷，可造成关节的压缩骨折；拉伸负荷，可导致骨出现撕脱性骨折；弯曲负荷，突然性大力，骨易损坏；扭转负荷，易产生扭曲性骨折。

关节力学：对关节的要求则是稳定性和灵活性，使之运动幅度大。

肌肉力学：肌肉与其他软组织不同，在神经的控制下，它能使化学能转化成为机械能，通过自身主动收缩而造成人体或者关节的机械运动。

肌肉爆发力：肌肉收缩时的最大功率也就是身体所具有的最大爆发能力，这种能力不仅使身体运动，而更重要的是快速运动。

物体运动的轨迹与物体受力的关系：公式$F=ma$中F和a是因果关系。当物体受外力作用后便产生加速度，所以物体所产生的加速度是受外力后的必然结果。而且F和a是一一对应的瞬时关系。F是物体在某一时刻所受到的力，a是物体在这一时刻所受到的瞬时加速度，a和F的方向是一致的；当F发生变化时，a亦发生变化，当F不变时，a亦不变；当$F=0$时，$a=0$，此时物体将保持原来的速度继续做匀速直线运动下去。

当$F=0$时，$a=0$，物体静止或者做匀速直线运动。

F是恒矢量时，则a亦是恒矢量。此时若F和V_0的方向一致，物体做匀加速直线运动。

若F与V_0的方向相反，则物体做匀减速直线运动。

若F与V_0成角度，则物体做曲线运动。

力偶矩概念建立后，力偶的两个特点：

力偶对物体转动作用的大小，即力偶矩的大小，与转动中心的位置无关，无论O点在什么位置，所得出的力偶矩都等于其中一个力乘以力偶臂。既然如此，我们可以得出，一力偶可以在它的作用面内任意移动，而不会改变它对物体的作用效果（重心移动，都能保持自身平衡）。

上面论述还表明，力偶对物体的转动作用，只与力偶矩的大小有关。在保持力偶矩不变的条件下，可相应调整力和力偶臂，而并不改变力偶对物体转动作用的大小。

——张昌亨主编《运动生物力学》

五、肌肉的功能和作用

肌肉构成人体的大部分，约占体重的一半。肌肉分成三种不同的类型：骨骼肌、不随意肌（平滑肌）和心肌。这三种肌肉的相同点是受刺激后产生兴奋，能收缩和伸张，并能在收缩后恢复原有的大小和形状。不随意肌不受意识控制，它们不断地发挥如同食物经食管推送入胃，眼球聚焦和控制动脉管理作用。心肌只存在于心脏，特征是分支状互相连接。本章叙述的骨骼肌因为人们常有意识地让它收缩或松弛，故又称随意肌。在来自脊髓的持续性神经冲动的作用下，躯干和四肢的肌肉保持着部分收缩的状态，这种状态称为肌张力。如果肌肉失去神经支配，则在几个月内萎缩为原肌肉的三分之一，实际上许多类型的肌肉疾病都是神经系统的疾病，而不是肌肉疾病，例如脊髓灰质炎和重症肌无力等。

——摘自托尼·史密斯主编
《人体结构功能与疾病图解》

附录三 古典拳谱、拳论

太极拳论

山右王宗岳

太极者，无极而生，阴阳之母也。动之则分，静之则合。无过不及，随曲就伸。人刚我柔，谓之走；我顺人背，谓之粘。动急则急应，动缓则缓随。虽变化万端，而理惟一贯。

由著熟而渐悟懂劲，由懂劲而阶及神明。然非用力之久，不能豁然贯通焉。虚领顶劲，气沉丹田；不偏不倚，忽隐忽现；左重则左虚，右重则右杳。仰之则弥高，俯之则弥深；进之则愈长，退之则愈促。一羽不能加，蝇虫不能落；人不知我，我独知人。英雄所向无敌，盖皆由此而及也。

斯技旁门甚多，虽势有区别，概不外壮欺弱、慢让快耳；有力打无力，手慢让手快，是皆先天自然之能，非关学力而有也。察“四两拨千斤”之句，显非力胜；

观耄耋能御众之形，快何能为？立如秤准，活似车轮；偏沉则随，双重则滞。每见数年纯功，不能运化者，率皆自为人制，双重之病未悟耳。欲避此病，须知阴阳；粘即是走，走即是粘；阳不离阴，阴不离阳，阴阳相济，方为懂劲。懂劲后，愈练愈精，默识揣摩，渐至从心所欲。本是舍己从人，多误舍近求远。所谓“差之毫厘，谬之千里”，学者不可不详辨焉。是为论。

徐震著《太极拳谱笺》

徐震，字浙东，是文学教授，太极拳理论家，曾跟随郝为真的儿子郝月如学习太极拳多年。《太极拳谱笺》大概没有出版，此附录引自张义敬《太极拳理传真》，张氏由文家棠手抄本抄得，内容如下：

王宗岳所编太极拳谱，自武禹襄得诸舞阳盐店，复加解说，杨露禅亦承用之。然传者于原谱旧文与武氏解说，莫能识别。予既详考端末，辨而析之，遂就原谱为之笺释。其武氏之言，有须疏明者，别有论撰，兹不及焉。至若掤应作“手朋”，“手履”当作搂，若此之类，新论正名篇详之矣。今悉加刊正，故异于他本，学者可无疑焉。

山西王宗岳太极拳论

王宗岳，清乾隆时人，所著尚有阴符枪谱，据佚名氏阴符枪谱序云：“山右王先生自少时经史而外，黄帝老子之书及兵家言，无书不读，而兼通击刺之术，枪法其尤精者也。盖先生深观于盈虚消息之机，熟悉于止齐步法之节，简练揣摩，自成一家，名曰阴符枪。”观此，则王氏之为人，可得其崖略矣。阴符枪既为宗岳所造，则太极拳疑亦其所造也，特尚无显证，未可遽尔论定。知撰阴符枪谱之王先生即王宗岳者，说详《太极拳考信录》。

此论可分八节，笺释如次：

“太极者，无极而生，阴阳之母也”。

此节明太极取名之义，以为总揖体用之言。

易云，太极生两仪。朱子《周易本义》云两仪者，始为一划以分阴阳。周子曰：“无极而太极。”拳名太极，盖义取诸此也。习太极拳造乎最高之境，为能常定常应。常定为寂然不动，常应为感而遂通。寂然不动，无极也。感而遂通，太极也。应生于定，感生于寂，故曰无极而生。易云：“一阴一阳之谓道。”谓一切事物，皆相反相济也。太极拳练法，在开合蓄发，互为根纽。用法在顺逆走粘，一时俱运，皆相反相济之道。故曰阴阳之母。此二句揖尽体用，实为全文之开宗本义。

“动之则分，静之则合。无过不及，随屈就伸，人刚我柔谓之走，我顺人背谓之粘。动急则急应，动缓则缓随。虽变化万端，而理唯一贯。”

此节言太极拳运用之纲领。

动静在心，分合在形。心能宰制其形则一心主政，百骸从令。作止蓄发，无不如志。故曰，动之则分，静之则合也。无过不及谓应合他力，须时间与方向两皆适当。时间则不后不先，正当他力将发未发之际。方向则不即不离，正切他力难转难化，不可抗拒之处。随曲就伸，谓应合他力，贵能因事乘便不与抵牾，则他力皆为我用矣。此一节中，以此四句为主。走谓避彼来力，粘谓随彼来力，彼力虽强，我能运转灵敏，即可不受彼力，是为用柔，然必自处于顺，乃能运转灵敏，故柔与顺常相合也。若筋腱未能练柔，举止未能练顺，他力虽背，我亦无由制之，以我亦不能得势得力，即不能利用机会也。“动急急应，动缓缓随”，谓时间须求适合。若必以急为善，则有先自见其形势之失，若必以缓为善，又将失之迟顿。故不可自用，惟当因彼。此四句申明上四句之义。“虽变化万端，而理为一贯”，谓法无固定，理有要归，此二句总束本节。

“由着熟而渐悟懂劲，由懂劲而阶及神明，然非用力之久，不能豁然贯通焉”。

此节言功夫之进程。

“着熟”为初步功夫，不过求熟于法而已。所谓法者，在本身为各部骨节筋腱之动作能相调协。在对角为于彼来力之线路能确实辨认。所以在此一步中，可谓重在应用力学之练习。

“懂劲”为第二步功夫，由法之运用渐熟，至于习惯自如，使思念变成本能。在本身为各部内外肌之调适，进于形气之调适。在对角为于来劲之线路，无须着意辨认，肌肤自有感觉，身体各部反射之机能，极为灵敏。所以在此一步中，可谓重在神经反射之练习。

“神明”为第三步功夫。功夫至此，唯在调伏其心，养成定力，则精神可以控制外物，而他力无异我力。所以此步功夫，全重精神修养。

三步功夫，每一步中，尚有若干节序，然未易细分，且各人之过程不同，故亦无从详分。至于练成之时闻，初步功夫，若不谬蹊径，速者年余，迟亦不过两载。然自初步进入第二步，时之久暂，即已难定。自第二步进入第三步，亦复难言。要能持之有恒，精进不懈，亲近良师益友，常相讲肄，则功至自悟，故曰非用力之久，不能豁然贯通焉。

“虚领顶劲，气沉丹田。不偏不倚，忽隐忽现。左重则左虚，右重则右杳。仰之则弥高，俯之则弥深。进之则愈长，退之则愈促。一羽不能加，蝇虫不能落。人不知我，我独知人，英雄所向无敌，盖皆由此而及也”。

此节言练法及功效。

“虚领顶劲”至“不偏不倚”，专就演架而言。“忽隐忽现”一句兼其演架打手之法。自“左重则左虚”至“我独知人”，专就打手而言。英雄二句，言功效也。

“虚领顶劲”者，自外形言，头容端正，若以顶劲领起全身。由内心言，寂然着合体于虚无，而脑闻常自爽朗，故“虚领顶劲”，实兼内外而言，若但说外形，则虚义不明，若专说内心，则顶劲何指，故当内外兼及，义乃满足也。气沉丹田为伏气之功。丹围为脐下少腹，意系于此，渐加揖敛，将觉如有孔穴，为呼吸之根，息之出入，乃极深细，至于安匀调畅，举体自尔和顺，运用自能随意，乃至不觉有孔穴，不觉有气相，此须体验方知，非可以意测度也。“不偏不倚”即为中正，乃专就外形言也，外形欲其中正，当先谨守身法十日，即武禹襄所标示“提顶、吊裆”等是也。此十目能练至悉当，即为合度。统观此三句，“虚领顶劲”与“气沉丹田”，皆“不偏不倚”，为基本功夫，太极拳练法，不离演架打手，予演架中用轻清闪倏之劲，是为练本身之“忽隐忽现”。于打手时使突变猝发之劲，是为练应敌之“忽隐忽现”。

自“左重则左虚”，至“退之则愈促”，此乃练走练粘之法。其要诀总归不与彼力相犯，而因势利用之耳。至于“一羽不加，蝇虫不落”，则皮肤感觉之敏，全身运用之灵可知矣。故人不知我之动静，我独知人之虚实。“人不知我”，则能出其不意。我独知人，则能攻其无备。依此练法，施诸拼搏，自有奇效。故曰：“英雄所向无敌，盖皆由此而及也”。

“斯技旁门甚多，虽势有区别，概不外乎壮欺弱、慢让快耳。有力打无力，手慢让手快，是皆先天自然之能，非关学力而有也。察四两拨千斤之句，显非力胜，观耄耋能御众之形，快何能为”。

此节明太极拳之特长。

“斯技旁门甚多”四句，谓太极以外之各派拳术，皆形式有殊耳，据实论之，无非恃先天之力与捷，其不合正法一也。震谓太极独到之处，在超越形骸之作用而练成心神之凝定。故功夫不随血气之盛衰而进退。太极而外，各派拳技，虽有其高美之理法者，然皆不免随年事为盛衰。如摔角之术，非无巧法，年逾五十，功夫即不免衰退，唯太极拳功夫，可以至老不退，此亦其独到之处也。

“有力打无力四句”，明太极之妙，在不恃本有之力与捷，而能由学以成智勇。然太极之外，各家拳术，亦有其高美之理法者，谓其未若太极之深妙则可，直谓皆是先天自然之能非关学力而有，未免抹煞太甚。

“察四两拨千斤”之句，谓太极拳家，不取力与捷，其实何尝不取力与捷，特其力与捷，皆由锻炼而得，非先天本其具耳。太极拳所用之力，粗者为肢体联贯动作之合力，精者为意气一致之刚劲。太极拳所用之捷，粗者在肢体之能调，与时方之有准，精者在感觉之敏，心神之定。故其力不争强，捷不争先，惟在当机赴节（当机则能后发先至），故有四两拔千斤、耄耋能御众之效。

“立如秤准，活似车轮。偏沉则随，双重则滞。每见数年纯功不能运化者，率皆自为人制，双重之病未悟耳”。

此节言太极拳之得失。

“立如秤准”四句，上二句言势法之本，下二句言得失之由。秤之为物，能权轻重而得其平。人能将重心位置得当，则虽在变动之中，全身之力，仍得平衡。就其姿势言之，则有立如秤准之象，若能养成此种功夫，则作止变转之时，自尔稳定便捷，已能保持此种平衡力，方可练全身处处圆转，能全身处处圆转，则与外力接触时，可以顺势滑过，故能不受他力，此即活似车轮之义。又圆转之法，大圈之中更包小圈，此种复合之转法，最能利用他力之来势而变更其方向，故“立如秤准，活似车轮”，乃一切势法之基础，乃可随而不滞。所谓随者，须将两足分清虚实，使重心常在一足之内，作止变转，常将两足交互相代，以支其身，则重心不至提高，动中依然稳定，动时仍可发劲，此所谓偏沉则随也。以支身着力于一足，故曰偏沉，以身体各部可任意而动，故曰随也。

轻灵之功，果造其极，丝毫不受他力，所谓“一羽不能加，蝇虫不能落”。此二语最为善于形容，若他力来时犹有与之抵牾之意，则与左重左虚、右重右杳之义不合，如是则犯双重之实。犯双重者，必显其力之方向，方向既显，则为人所乘，每至不及转变，故曰双重则滞也。

“每见数年纯功”四句，即专言双重之失，大抵犯双重之失者，多由步法虚实不清所致，所以者何？缘动步之时，不能圆转自如，遇有他力突然而至，乃不得不与之抵拒，如此即成双重之病。论中以偏沉与双重对举，意在是也。

“欲避此病，须知阴阳，粘即是走，走即是粘。阴不离阳，阳不离阴。阴阳相济，方为懂劲。懂劲后愈练愈精，默识揣摩，渐至从心所欲”。

此节言取径高，则病去而技日进。

阴阳走粘之义，已见上文。“粘即是走，走即是粘。阴不离阳，阳不离阴”者，以本身言，则一时能为复合之动，错综而运也。以应敌言，攻守俱时而有，取势相反相济是也。举例明之，如推手之时，彼力前挤，我须一时将身向后向侧向下按势而不着力，足反阴自下进，并于此时将我欲发劲之方向取准，及彼势已穷而将回，我乃随其回势而用劲下按，此即一势之中，含复合之动，错综之运也。至于当彼挤进之时，我以避让为蓄势，故守即同时为攻，相反适以相济，此阴不离阳，阳不离阴也。然此特就显见之法式言耳，故为粗浅之动作。功力既深，动作造微，虽有复合错综之实，一泯攻守避就之迹。此亦非言语所能达，而当征诸体验矣。“阴阳相济”，总括上四句而言，果能臻此境地，自能知己知彼。是以谓之懂劲。由是愈练愈精，直可视他力如己力，是为从心所欲。自懂劲以后，全是内省功夫，非复求诸外形所能到。故以默识揣摩，示用功之途径。

“本是舍己从人，多误舍近求远，所谓差之毫厘，谬之千里。学者不可不详辨焉。是为论”。

此节明太极拳功夫之归究也。

“舍己从人，舍近求远”，应作四种料简，一为既不“舍己从人”，又复“舍近求远”。世俗拳师，但练花拳，或专练硬功，不识门径，不通势法，大都如此，此最下也。二为虽知“舍己从人”，未免“舍近求远”。习太极拳功力浅者，易犯此失。三为不能“舍己从人”，尚非“舍近求远”。内功之粗者，外功之精者，往往如此，其用法未尝不简捷，特非变化圆融，随触即转，未免有起有落。虽就势法言，已不见“舍近求远”之失，究极论之，尚未尽切近之能事也。四为太极功夫之归究，必于“舍己从人”中，求其至切近之运用，所争只在毫厘，功夫若此，方为造微也。故结论云：“差之毫厘，谬之千里。”意谓太极拳之所以夐绝，正以有此精微之境。不到此境，不足以识其特异。学者于此，小有差忒，即不得太极拳之真谛，故辨之不可不审也。

统观此论，足见太极拳之真谛，惟在轻灵。今之习此拳者多矣，而于此论略不措意。徒凭讹传，以为得真。遂使轻灵，反成拙滞，久练竟无功效，岂不惑哉！

十三势（一名长拳）

山右王宗岳

十三势者，掤、捋、挤、按、採、挒、肘、靠，进、退、顾、盼、定也。掤、捋、挤、按，即坎、离震、兑，四正方也。採、挒、肘、靠，即乾、坤、艮、巽，四斜角也。此八卦也。进步、退步、左顾、右盼、中定，即金、木、水、火、土也。此五行也。合而言之，曰十三势。

十三势行功歌诀

十三总势莫轻视，命意源头在腰际。
变转虚实须留意，气遍身躯不少滞。
静中触动动犹静，因敌变化示神奇。
势势存心揆用意，得来不觉费功夫。
刻刻留意在腰间，腹内松静气腾然。
尾闾中正神贯顶，满身轻利顶头悬。
仔细留心向推求，屈伸开合听自由。
入门引路须口授，功夫无息法自修。
若言体用何为准，意气君来骨肉臣。
想推用意终何在，益寿延年不老春。
歌兮歌兮百四十，字字真切意无遗。
若不向此推求去，枉费功夫贻叹息。

打手歌

王宗岳修订

掤捋挤按须认真，上下相随人难进。
任他巨力来打我，牵动四两拨千斤。
引进落空合即出，粘连黏随不丢顶。

身法

武禹襄

含胸、拔背、提顶、吊裆、裹裆、护肫、松肩、沉肘。

打手要言

武禹襄

打手要言解曰：以心行气，务沉著，乃能收敛入骨，所谓“命意源头在腰隙”也。意气须换得灵，乃有圆活之趣，所谓“变虚实须留意”也。立身中正安舒，支撑八面；行气如九曲珠，无微不至，所谓“气遍身躯不稍痴”也。发劲须沉着松静，专注一方，所谓“静中触动动犹静”也。往复须有折叠，进退须有转换，所谓“因敌变化示神奇”也。曲中求直，蓄而后发，所谓“势势存心揆用意，刻刻留心在腰间”也。精神提得起，则无迟重之虞，所谓“腹内松静气腾然”也。虚领顶劲，气沉丹田，不偏不倚，所谓“尾闾正中神贯顶，落身轻利顶头悬”也。以气运身，务顺遂，乃能便利从心，所谓“屈伸开合听自由”也。心为令，气为旗，神为主帅，身为驱使，所谓“意气君来骨肉臣”也。

解曰：身虽动，心贵静，气须敛，神宜舒。心为令，气为旗，神为主帅，身为驱使，刻刻留意，方有所得。先在心，后在身。在身则不知手之舞之，足之蹈之。所谓一气呵成，舍己从人，引进落空，四两拨千斤也。须知一动无有不动，一静无有不静，视动犹静，视静犹动，内固精神，外示安逸。须要从人，不要由己；从人则活，由己则滞。尚气者无力，养气者纯刚。彼不动，己不动；彼微动，己先动。以己依人，务要知己，乃能随转随接；以己粘人，必须知人，乃能不后不先。精神提得起，则无双重之虞，粘依能跟得灵，方见落空之妙。往复须分阴阳，进退须有转合。机由己发，力从人借。发劲须上下相随，乃一往无敌，立身须中正不偏，能八面支撑。静如山岳，动若江河。迈步如临渊，运劲如抽丝，蓄劲如张弓，发劲如放箭。行气如九曲珠，无微不到；运劲如炼钢，何坚不摧。形如搏兔之鹄，神如捕鼠之猫。曲中求直，蓄而后发。收即是放，连而不断。极柔软，然后能极坚刚；能粘依，然后能灵活。气以直养而无害，劲以曲蓄而有余。渐至物来顺应，是亦知止能得矣。

又曰：先在心，后在身，腹松，气敛入骨，神舒体静，刻刻存心。切记一动无有不动，一静无有不静，视静犹动，视动犹静。动牵往来气贴背，敛入脊骨，要静。内固精神，外示安逸。迈步如猫行，运劲如抽丝。全身意在蓄神，不在气，在气则滞。有气者无力，无气者纯刚。气如车轮，腰如车轴。

又曰：彼不动，己不动；彼微动，己先动。似松非松，将展未展。劲断意不断。又曰：每一动，惟手先着力，随即松开。犹须贯串，不外起承转合。始而意动，继而劲动，转接要一线串成。气宜鼓荡，神宜内敛。无使有缺陷处，无使有凹凸处，无使有断续处。其根在脚，发于腿，主宰于腰，形于手指。由脚而腿而腰，总须完整一气。向前退后，乃得机得势，有不得机势处，身便散乱，必至偏倚，其病必于腰腿求之，上下前后左右皆然。凡此皆是意，不是外面，有上即有下，有前即有后，有左即有右，如意要向上，即寓下意，若物将掀起，而加以顿挫之力，斯其根自断，乃坏之速而无疑。虚实宜分清楚，一处身有一处虚实，处处总此一虚实；周身节节贯串，勿令丝毫间断。

打手撒放

掤，上平；业，入声；噫，上声；咳，入声；呼，上声。吭、呵、哈。

五字诀

李亦畬

一曰心静

心不静则不专，一举手前后左右全无定向，故要心静。起初举动，未能由己，要悉心体认，随人所动，随曲就伸，不丢不顶，勿自伸缩。彼有力，我亦有力，我力在先。彼无力，我亦无力，我意仍在先。要刻刻留心，挨何处，心要用在何处，须向不丢不顶中讨消息。从此做去，一年半载，便能施于身。此全是用意，不是用劲，久之，则人为我制，我不为人制矣。

二曰身灵

身滞则进退不能自如，故要身灵。举手不可有呆像。彼之力方挨我皮毛，我之意已入彼骨内。两手支撑，一气贯串，左重则左虚，而右已去；右重则右杳，而左已去。气如车轮，周身俱要相随，有能不相随处，身便散乱，便不得力。其病于腰腿求之。先以心使身，从人不从己，后身能从心，由己仍是从人。由己则滞，从人则活。能从人，手上便有分寸。称彼劲之大小，分厘不错；权来意之长短，毫发无差。前进后退，处处恰合，工弥久而技弥精矣。

三曰气敛

气势散漫，便无含蓄，易散乱。务使气敛入脊骨。吸呼通灵，周身无间。吸为合为蓄，呼为开为发。盖吸则自然提得起，亦拿得人起；呼则自然沉得下，亦放得人出。此是以意运气，非以力使气也。

四曰劲整

一身之劲，练成一家。分清虚实，发劲要有根源。劲起脚跟，主于间腰，发于脊背，形于手指。又要提起全副精神，于彼劲出发之际，我劲已接入彼劲，恰好不后不先。如皮燃火，如泉涌出。前进后退，丝毫不乱，曲中求直，蓄而后发，方能随手奏效。此谓借力打人，四两拨千斤也。

五曰神聚

上四者俱备，总归神聚。神聚则一气鼓铸。炼气归神，气势腾挪，精神贯注，开合有致，虚实清楚。左虚则右实，右虚则左实。虚非全然无力，气势要有腾挪；实非全然占煞，精神贵贯注。紧要全在胸中、腰间运化，不在外面。力从人借，气由脊发。胡能气由脊发，气向下沉，由两肩收于脊骨，注于腰间，此指，此气之由上而下也，谓之开。合便是收，开即是放。懂得开合，便知阴阳。到此地位，功用一日，技精一筹，渐至从心所欲，罔不如意矣。

撒放秘诀

李亦畬

擎起彼身借彼力，中有“灵”字。
引到身前劲始蓄，中有“敛”字。
松开我劲勿使屈，中有“静”字。
放时腰脚认端的，中有“整”字。

走架打手行功要言

李亦畬

昔人云：“能引进落空，能四两拨千斤；不能引进落空，不能四两拨千斤。”语甚概括，初学未由领悟。予加数语以解之，俾有志斯技者得所从入，庶日进有功矣。

欲要引进落空、四两拨千斤，先要知己知彼。欲要知己知彼，先要“舍己从人”；欲要“舍己从人”，先要得机得势，先要周身一家；欲要周身一家，先要周身无缺陷；欲要周身无缺陷，先要神气鼓荡；欲要神气鼓荡，先要提起精神，神不外散；欲要神不外散，先要神气敛入脊骨，先要两膊前节有力，两肩松开，气向下沉。劲起于脚跟，变换在腿，含蓄在胸，运动在两肩，主宰在腰。上与两膊相联系，下与两胯、两腿相随；劲由内换；收便是合，放即是开。静则俱静，静是合，合中寓开；动是开，开中寓合。触之则旋转自如，无不得力，才能引进落空，四两拨千斤。

平日走架是知己的功夫。一动势，先问自己，周身合上数项不合？少有不合，即速改换。走架所以要慢，不要快。打手是知人功夫。动静固是知人，仍是问己。自己要安排得好，人一挨我，我不动彼丝毫，趁势而入，接定彼劲，彼自跌出。如自己有不得力处，便是“双重”未化，要于阴阳、开合中求之。所谓知己知彼，百战百胜也。

注：以上古典拳论，根据李亦畲于1881年抄赠郝为真的定本《太极拳谱》择要录出，文字未经后人审改。

四字秘诀

（作者待考）

敷：敷者，运气于己身，敷布彼劲之上，使不得动也。

盖，盖者，以气盖彼来处也。

对，对者，以气对彼来处，认定准头而去也。

吞，吞者，以气全吞而入于化也。

此四字无形无声，非懂劲后，练到极精地位者不能知全。是以气言，能直养其气而无害，始能施于四体。四体不言而喻矣。

考释：李亦畬孙李福荫于1935年编有廉让堂本《太极拳谱》，以“四字秘诀”为武禹襄作品，乃据武禹襄孙武莱绪所撰《先王父廉泉府君行略》。莱绪谓其祖“复本心得，阐出四字诀”，福荫遂以“四字秘诀”为禹襄所作。考此诀拳理高妙，境界在亦畬《撒放秘诀》之上。李亦畬于1881年写给郝和的《太极拳谱》，备载禹襄拳论。禹襄卒于1880年，武、李谊属师生，同居一乡，此诀若为禹襄所作，绝无不收之理。故此诀当非禹襄作品，或系武、李子弟所作。亦畬卒于1892年，亦有写作此诀之可能。特为抉出，以待续考。

顾留馨附注

附录四　本文引用参考书目

1.《太极拳全书》人民体育出版社编，1988年2月.

2.《太极拳理传真》张义敬编著，重庆出版社.

3.《太极拳九诀八十一式注解》人民体育出版社，吴孟霞，吴兆峰编著，1957年12月.

4.《太极拳图说导引》孙辉著，1990年12月5日.

5.《周易与中医学》杨力著，1991年4月.

6.《易经黄帝内经养生图典》周春才编著，2009年10月.

7.《易筋洗髓古本注释》孔德，光绪十七年.

8.《神奇的武术》郑勤，田云清著.

9.《古今功法集粹》主编龙文宇，王彭龄，1989年9月.

10.《中国武术实用大全》康戈武编著，1990年4月.

11.《太极拳讲义》姚馥春、姜容樵，1929年8月.

12.《中国太极拳词典》余功保著，2006年7月.

13.《太极拳谱》沈寿，1991年10月.

14.《武术点穴制敌》杨连村著，1997年10月.

15.《超级高中数理化生、公式定理（第二部分物理力学）》.

16.《现代汉语词典》.

17.《人体结构、功能与疾病图解》托尼・史密斯著，左焕琛主译.

18.《拉筋复位法》香港：朱增祥编著.

19.《运动生物力学》张昌亨主编.

后　记

我习练太极拳30多年，在师父的培育指导下，在众多拳友的帮助下，通过听、看、问、学、心悟、笔记等方法，坚持长年持久勤学苦练，在太极拳理论和实践方面不断进步和深入，根据本人的练功心得和体悟写出了一篇“太极拳七绝及解读”的长文，在“全球功夫”杂志全文连载。之后我用3年多的时间写完了《太极拳力学探析》。在太极拳功夫进步和理论知识水平不断提高的同时，越感觉到在太极拳“四两拨千斤”功夫面前，自己知识的肤浅和不足。

在我学习太极拳理论和练功实践交往中体验到，中国武术门派林立，拳种众多。我观察到，在双方推手搏击的活动中，主要目的是通过人体四肢屈伸的踢、打、摔、拿、绊、跌等方法击倒对方，保持自身的平衡。其中凡是掌握一定规则（符合自然规律）的人体四肢屈伸攻防格斗技能就是武术。在人类社会实践活动过程中，武术是从简单向复杂，从低级向高级发展的。人体四肢屈伸规则越复杂，训练难度越大，该拳种品质越高。太极拳在武术发展中属于较晚的拳种，又是规则复杂、难练，是公认的健身、技击品质最高级的拳种。

在学太极拳四两拨千斤功夫过程中，我体验到必须认真学习《周易》，太极拳古典拳谱、拳论和现代力学原理，要明其理才能避免迷失方向。在练功懂劲阶段，要特别注重柔化功夫的锤炼。在双方推手、搏击中要用意不用力，始终不让对方摸到你的重心，但时时都能控制对方的重心。拳论说：“所难者内含坚刚而不外施，化劲极矣为懂劲。”就是说不管对方怎样打来我都能柔化，随时都能控制对方重心，但内含坚刚而不发放对方，重点训练柔化功夫。此时你已进入懂劲高手阶段的下乘功夫。

在懂劲以后，要重点研讨和体悟用意不用力柔化借力（打头或打尾）迫使对方双脚脚尖或脚跟被同时撬起或者迫使对方一脚虚起，达到拨动对方而跌出。使之运用达到随心所欲的程度，达到太极拳四两拨千斤的中乘上乘功夫。

我写的两篇文字只能对丁太极拳修炼者起到抛砖引玉和为中华传统武术的继承与发扬起到一点正面作用。

此时此刻，我衷心感谢我的恩师白庆斋先生真诚的传承和教学，衷心感谢项鸣翔老师、明鉴老师的钟爱和辅导，感谢夫人王凤英及家人的宽容和大力支持。

刘继连

2017年5月20日

图书在版编目(CIP)数据

太极拳力学探析 / 刘继连编著. – 北京：人民体育出版社，2017

ISBN 978-7-5009-5152-0

Ⅰ.①太… Ⅱ.①刘… Ⅲ.①太极拳–运动生物力学–研究 Ⅳ.①G852.111.46

中国版本图书馆 CIP 数据核字（2017）第 093538 号

*

人民体育出版社出版发行
三河兴达印务有限公司印刷
新 华 书 店 经 销

*

850×1168 32 开本 8.75 印张 166 千字
2017 年 11 月第 1 版 2017 年 11 月第 1 次印刷
印数：1—5,000 册

*

ISBN 978-7-5009-5152-0
定价：28.00 元

社址：北京市东城区体育馆路 8 号（天坛公园东门）
电话：67151482（发行部） 邮编：100061
传真：67151483 邮购：67118491
网址：www.sportspublish.cn
（购买本社图书，如遇有缺损页可与邮购部联系）